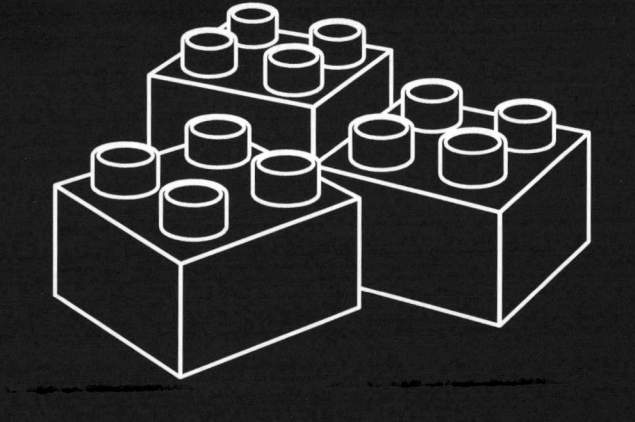

Currículo na escola e currículo da escola: reflexões e proposições

inter
saberes

SÉRIE PROCESSOS EDUCACIONAIS

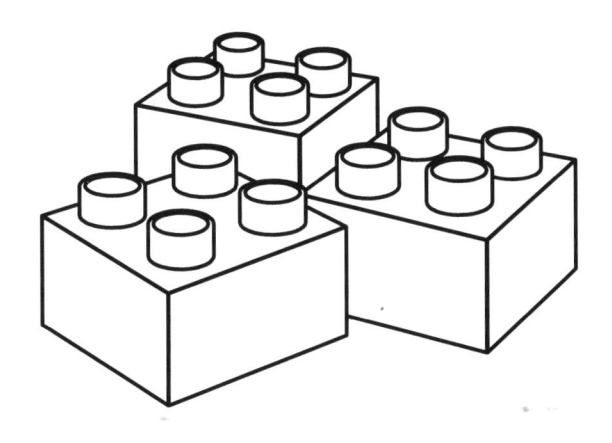

Déborah Helenise Lemes de Paula
Rubian Mara de Paula

Currículo na escola e currículo da escola: reflexões e proposições

2ª edição – revista e atualizada, 2024.

Rua Clara Vendramin, 58 • Mossunguê • CEP 81200-170
Curitiba • PR • Brasil • Fone: (41) 2106-4170
www.intersaberes.com
editora@intersaberes.com

Conselho editorial	Dr. Alexandre Coutinho Pagliarini
Drª Elena Godoy
Dr. Neri dos Santos
Mª Maria Lúcia Prado Sabatella
Editora-chefe	Lindsay Azambuja
Gerente editorial	Ariadne Nunes Wenger
Assistente editorial	Daniela Viroli Pereira Pinto
Edição de texto	Novotexto
Palavra do Editor
Capa	Charles L. da Silva (*design*)
Valentin Agapov e Yuganov Konstantin/Shutterstock (imagens)
Projeto gráfico	Frederico Burlamaqui
Diagramação	Regiane Rosa
Designer responsável	Charles L. da Silva
Iconografia	María Elisa de Carvalho Sonda
Regina Claudia Cruz Prestes

Dados Internacionais de Catalogação na Publicação (CIP)
(Câmara Brasileira do Livro, SP, Brasil)

Paula, Déborah Helenise Lemes de
    Currículo na escola e currículo da escola : reflexões e proposições / Déborah Helenise Lemes de Paula, Rubian Mara de Paula. -- 2. ed. -- Curitiba, PR : InterSaberes, 2024. -- (Série processos educacionais)

    Bibliografia.
    ISBN 978-85-227-1334-9

    1. Currículos – Avaliação 2. Currículos – Planejamento 3. Educação 4. Política educacional I. Paula, Rubian Mara de. II. Título. III. Série.

24-200318   CDD-375.001

Índices para catálogo sistemático:
1. Currículos : Educação   375.001

Cibele Maria Dias – Bibliotecária – CRB-8/9427

1ª edição, 2016.
2ª edição – revista e atualizada, 2024.
Foi feito o depósito legal.
Informamos que é de inteira responsabilidade das autoras a emissão de conceitos.
Nenhuma parte desta publicação poderá ser reproduzida
por qualquer meio ou forma sem a prévia autorização da Editora InterSaberes.
A violação dos direitos autorais é crime estabelecido
na Lei n. 9.610/1998 e punido pelo art. 184 do Código Penal.

Sumário

Apresentação, 7
Como aproveitar ao máximo este livro, 11

1 Currículo: das teorias do currículo ao currículo na escola, 15
1.1 Currículo: o que é isso?, 17
1.2 Teorias do currículo, 19
1.3 Tendências pedagógicas: interlocuções curriculares, 28
1.4 E para a escola atual, qual o currículo?, 33

2 As políticas educacionais para o currículo, 43
2.1 Caminhos legais para o currículo, 45
2.2 Outras orientações oficiais para o currículo, 86

3 O currículo no contexto escolar, 97
3.1 Diálogos entre o projeto político-pedagógico e o currículo, 99
3.2 Como elaborar o currículo?, 105
3.3 Quais elementos constituem o currículo?, 108
3.4 O currículo na ação docente, 112

4 Currículo e desafios de avaliação, 125
4.1 Avaliação: da concepção tradicional à formativa, 127
4.2 Avaliação e currículo: dimensão técnica, 147

5 Currículo: questões necessárias, 165
5.1 Direitos humanos, 167
5.2 Diversidade, 173
5.3 Inclusão, 179
5.4 Educação ambiental, 184

Considerações finais, 199
Lista de siglas, 201
Referências, 203
Bibliografia comentada, 219
Respostas, 221
Sobre as autoras, 227

Apresentação

Atualmente, a escola de educação básica[1], fundamentada nas determinações e orientações dos documentos normativos[2] do Conselho Nacional de Educação (CNE) e dos documentos oficiais[3] do Ministério da Educação (MEC), objetiva socializar os conhecimentos que fazem parte do patrimônio cultural, artístico, ambiental, científico e tecnológico, sem perder de vista as dimensões do educar e do cuidar em sua indissociabilidade, a fim de formar sujeitos que tenham condições de interpretar, compreender e atuar criticamente na realidade em que vivem.

Essa formação promoverá o pleno desenvolvimento dos estudantes, a preparação para o exercício da cidadania, a qualificação para o trabalho e, consequentemente, a construção e a efetivação de uma sociedade caracterizada por respeito coletivo, igualdade, dignidade, honestidade, lealdade, cooperação, solidariedade e justiça social.

Nesse processo, o currículo assume papel fundamental, pois se constitui na "espinha dorsal da escola, seu elemento

---

1 De acordo com a Lei de Diretrizes e Bases da Educação Nacional (LDBEN) – Lei n. 9.394, de 20 de dezembro de 1996 (Brasil, 1996) –, a educação básica corresponde às seguintes etapas: educação infantil, ensino fundamental e ensino médio, as quais são necessárias para assegurar a todos os brasileiros a formação comum indispensável para o exercício da cidadania e fornecer-lhes os meios para progredir no trabalho e em seus estudos posteriores.

2 O termo *documentos normativos* refere-se aos documentos elaborados pelo Conselho Nacional de Educação (CNE), os quais têm valor de lei (Amorim, 2011).

3 O termo *documentos oficiais* refere-se aos documentos elaborados pelo Ministério da Educação (MEC), por meio de suas secretarias, os quais têm função orientadora, conforme as determinações dos documentos normativos (Amorim, 2011).

estruturante" (Vasconcellos, 2011, p. 38), já que expressa a organização das experiências e práticas de ensino e de aprendizagem, o que corresponde à intencionalidade da escola.

É importante destacar que não estamos nos referindo ao currículo na perspectiva das teorias tradicionais, ou seja, como listagens de conteúdos obrigatórios desvinculados da prática social; disciplinas estanques; atividades de repetição, treinamento e memorização sem compreensão.

Nesta obra, concebemos que o currículo corresponde às práticas desenvolvidas na escola e que envolvem conhecimentos historicamente produzidos e acumulados, os quais, articulados às experiências dos estudantes, contribuem para a formação integral e cidadã.

A fim de ampliar a compreensão em relação ao currículo escolar dos estudantes de licenciaturas, instrumentalizando-os para a prática pedagógica, apresentamos esta obra organizada em cinco capítulos, nos quais analisamos os seguintes aspectos: conceito de currículo e sua história; teorias do campo do currículo; relação entre tendências pedagógicas e currículos; documentos normativos e oficiais sobre o currículo; relação entre o currículo e as demais dimensões de planejamento escolar; processo de elaboração, organização/estruturação do currículo; prática avaliativa que constitui o currículo; temas atuais que devem ser contemplados pelos currículos por meio da abordagem transversal.

No primeiro capítulo, apresentamos as diversas concepções de currículo, mediante teorias tradicionais, críticas e pós-críticas que caracterizam o campo de estudos do currículo. Abordamos a constituição desse campo no Brasil e analisamos como as tendências pedagógicas do contexto educacional brasileiro concebem e efetivam seus currículos. Por fim, destacamos uma concepção de currículo que pode favorecer a efetivação da educação escolar cidadã.

No segundo capítulo, dedicamo-nos a apresentar e a analisar as determinações e orientações normativas e oficiais referentes ao currículo, tendo em vista que estas, obrigatoriamente, precisam ser consideradas durante a elaboração e a efetivação desse documento.

Abordamos, no terceiro capítulo, as diversas dimensões do planejamento da instituição escolar, examinando seus conceitos, suas finalidades, sua estrutura e seus processos de elaboração. Também estabelecemos a relação entre o currículo e as demais dimensões do planejamento.

No quarto capítulo, analisamos a história de institucionalização da avaliação, bem como as diferentes funções que ela desempenha no contexto escolar, posicionando-nos a favor da avaliação formativa.

Por fim, no quinto capítulo, investigamos como o currículo precisa considerar e efetivar práticas voltadas a direitos humanos, inclusão, diversidade e educação ambiental por meio da abordagem transversal, perpassando as diversas disciplinas e áreas do conhecimento.

Esperamos que esta obra promova a ampliação dos conhecimentos relacionados aos processos de elaboração, estruturação e efetivação do currículo escolar, bem como favoreça o desenvolvimento de práticas pedagógicas que assegurem as finalidades da escola de educação básica já mencionadas.

Como aproveitar ao máximo este livro

Empregamos nesta obra recursos que visam enriquecer seu aprendizado, facilitar a compreensão dos conteúdos e tornar a leitura mais dinâmica. Conheça a seguir cada uma dessas ferramentas e saiba como estão distribuídas no decorrer deste livro para bem aproveitá-las.

Introdução do capítulo

Logo na abertura do capítulo, informamos os temas de estudo e os objetivos de aprendizagem que serão nele abrangidos, fazendo considerações preliminares sobre as temáticas em foco.

Síntese

Ao final de cada capítulo, relacionamos as principais informações nele abordadas a fim de que você avalie as conclusões a que chegou, confirmando-as ou redefinindo-as.

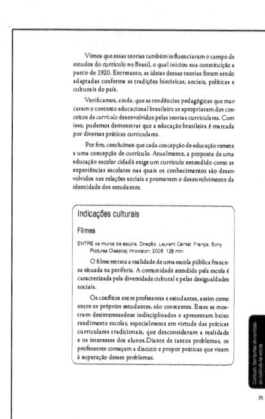

Indicações culturais

Para possibilitarmos a ampliação de seu repertório, indicamos conteúdos de diferentes naturezas que ensejam a reflexão sobre os assuntos estudados e contribuem para seu processo de aprendizagem.

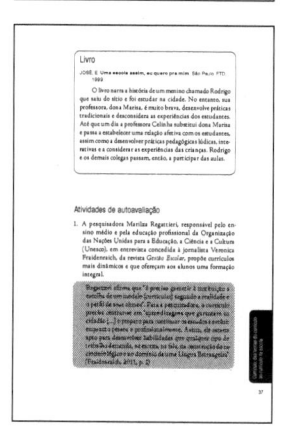

Atividades de autoavaliação

Apresentamos estas questões objetivas para que você verifique o grau de assimilação dos conceitos examinados, motivando-se a progredir em seus estudos.

Atividades de aprendizagem

Aqui apresentamos questões que aproximam conhecimentos teóricos e práticos a fim de que você analise criticamente determinado assunto.

Bibliografia comentada

Nesta seção, comentamos algumas obras de referência para o estudo dos temas examinados ao longo do livro.

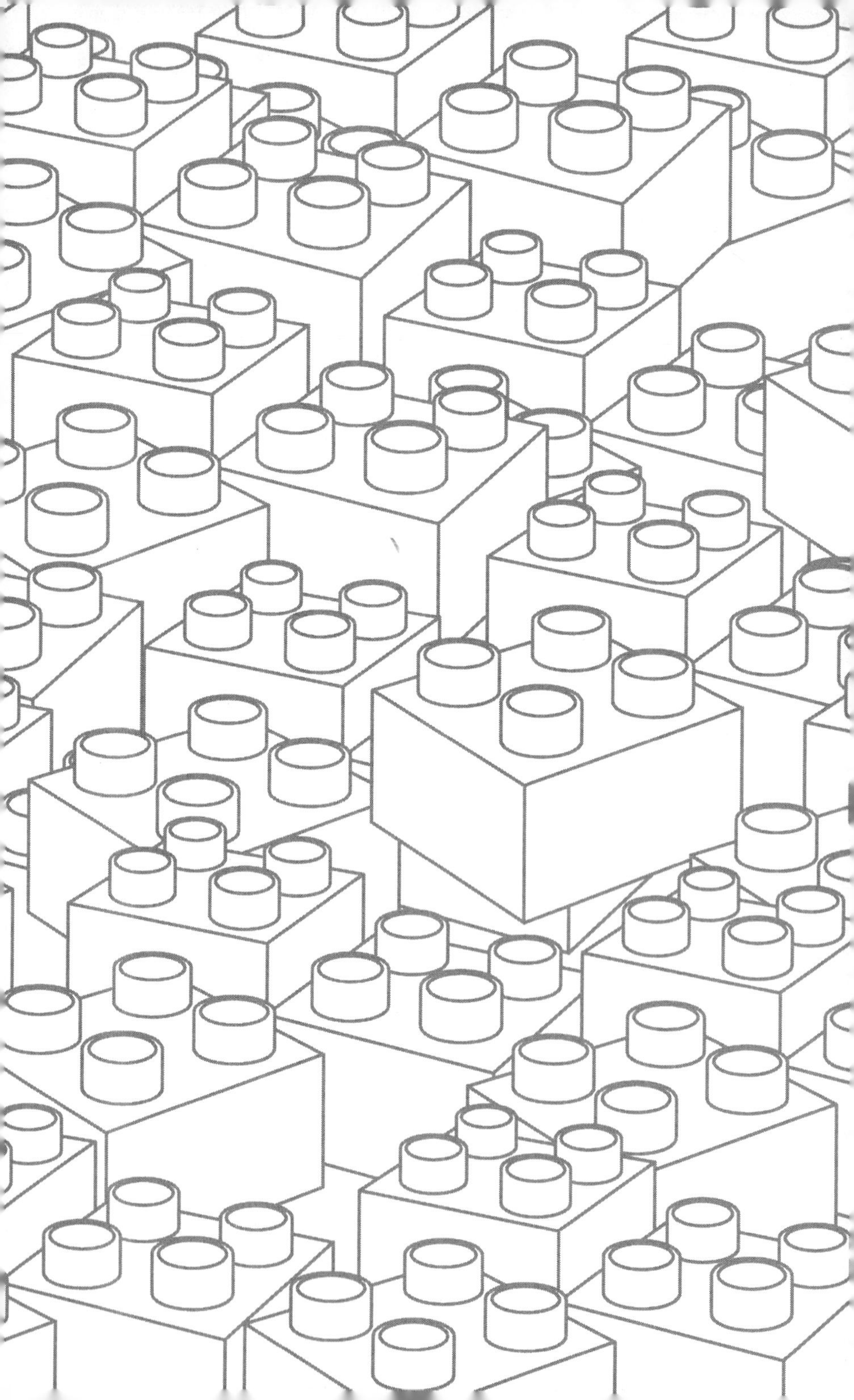

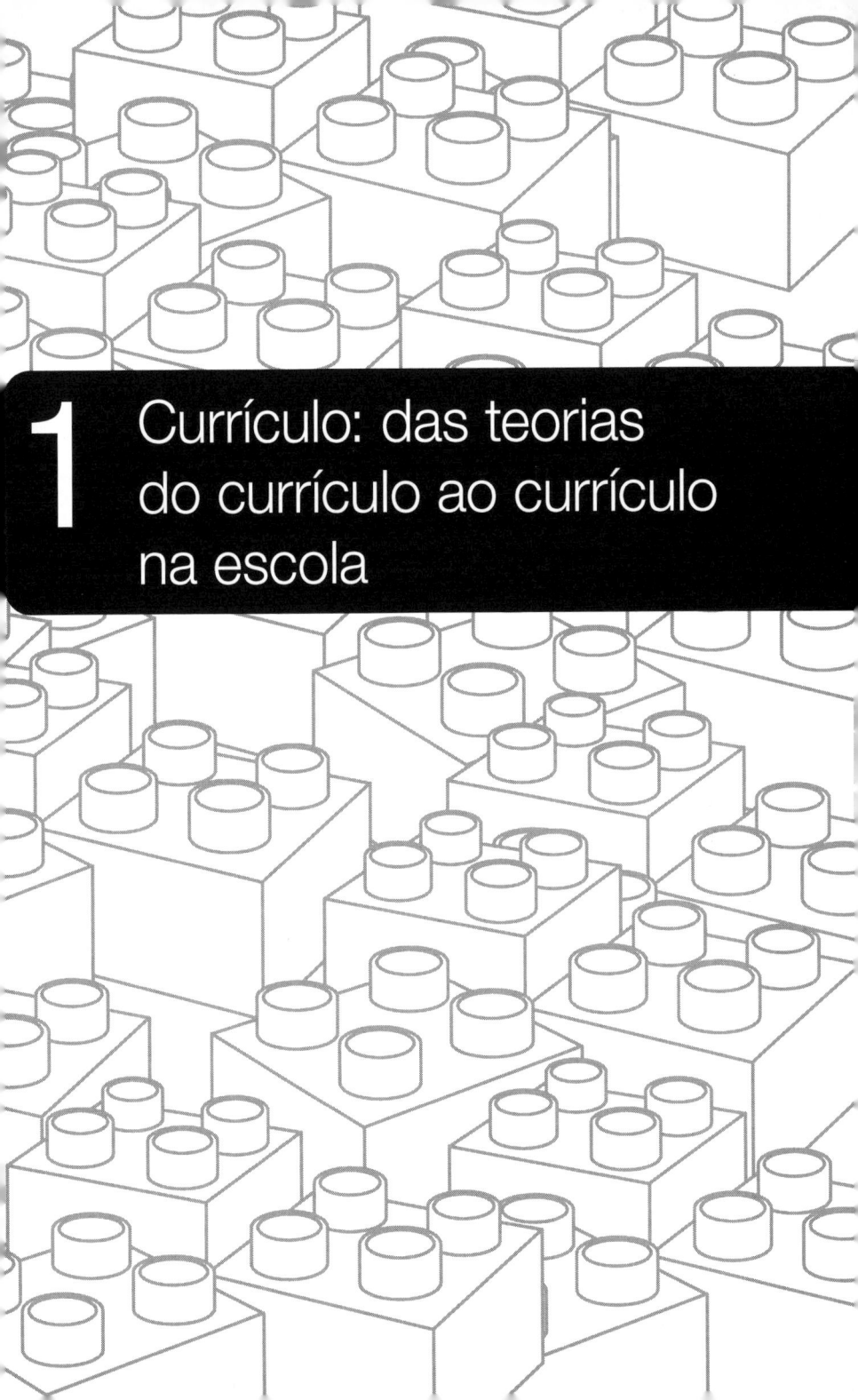

1 Currículo: das teorias do currículo ao currículo na escola

O principal objetivo deste capítulo é oferecer ao leitor elementos históricos e teórico-metodológicos para a compreensão do campo do currículo nos contextos internacional e nacional, de maneira que esse conhecimento contribua para o entendimento e a orientação de sua prática pedagógica.

Para isso, apresentaremos, inicialmente, a constituição do campo de estudos do currículo em âmbito internacional, explicitando as principais teorias que o caracterizam. Na sequência, trataremos da sistematização do currículo no contexto brasileiro e analisaremos a relação entre as teorias curriculares e as tendências pedagógicas. Por fim, abordaremos uma concepção de currículo que pode favorecer a efetivação da educação escolar cidadã.

1.1 Currículo: o que é isso?

Para iniciarmos o diálogo e o estudo sobre o currículo, precisamos refletir sobre seu significado ou conceito. Você já refletiu sobre isso? Neste capítulo, você poderá iniciar ou ampliar essa reflexão.

O termo *currículo* vem do latim *curriculum*, que significa "carreira", "curso", "percurso", "lugar onde se corre". Seu emprego no contexto educacional, conforme Hamilton (1991, citado por Saviani, 2003), data do fim do século XVI, no contexto da Reforma Protestante, possivelmente na Universidade de Leiden (Holanda). Naquele momento, o termo *curriculum* teria sido empregado para imprimir maior rigor à organização do ensino, especialmente o universitário. Desse modo, a origem do currículo está associada ao controle do processo educacional e à ideia de formalização e eficiência do ensino.

Segundo Hamilton (1992, p. 43),

> um curriculum deveria não apenas ser seguido; deveria, também, ser completado. Enquanto a sequência, duração e completude dos cursos medievais tinham sido relativamente abertos à negociação por parte dos estudantes e/ou abuso por parte do professor, a emergência do curriculum trouxe [...] um sentido de maior controle ao ensino quanto à aprendizagem.

Ao recorrermos aos diversos autores e pesquisadores (Candau; Moreira, 2007; Moreira; Silva, 2011; Silva, 2010) que se dedicaram ao estudo do *currículo*, concluímos que esse termo recebeu diferentes conceituações e apreensões quanto ao seu significado ou função ao longo da história, os quais variam conforme os contextos históricos e culturais em que estão situados.

Assim, é possível afirmar que o termo *currículo* é polissêmico e que, muitas vezes, não há consenso entre tais conceituações, sendo que estas remetem a diferentes concepções, valores, interesses e intenções, os quais implicam diretamente na prática pedagógica.

Candau e Moreira (2007) apresentam algumas das conceituações dadas ao currículo nas diferentes épocas e contextos: listagem de conteúdos; experiências de aprendizagens escolares; planos pedagógicos; objetivos do processo de ensino; processos de avaliação que influem nos conteúdos e nos procedimentos metodológicos.

Dessa forma, cabe ao professor conhecer tais conceituações de maneira contextualizada, não com a finalidade de elucidar o verdadeiro conceito de *currículo* ou de eleger o melhor conceito, mas compreender como o currículo tem sido definido pelos diferentes autores e teorias e, assim, ter condições para avaliar quais dessas conceituações melhor atendem às necessidades do contexto educativo em que está inserido. Para isso, faz-se necessário recorrer aos estudos desenvolvidos pelas teorias do campo do currículo.

1.2 Teorias do currículo

Você já parou para refletir sobre as seguintes questões: O que a escola precisa ensinar? Como deve ensinar? Por que deve ensinar? Embora essas questões permeiem o contexto educacional atual, você sabia que elas não são novas? Tais questões desafiaram professores de outros momentos históricos, o que motivou a constituição de um campo de estudos específico para refletir sobre elas.

Professores de diferentes épocas e lugares sempre estiveram envolvidos com o *currículo*, antes mesmo de esse termo ser empregado. No entanto, estudos e pesquisas especializados e específicos sobre o currículo surgiram pela primeira vez nos anos 1920, nos Estados Unidos, em um contexto caracterizado pela massificação da escolarização em decorrência do processo de industrialização e dos movimentos migratórios.

A emergência do currículo como campo de estudos está diretamente ligada à constituição de um grupo de especialistas, de disciplinas e de departamentos sobre currículo ligados às universidades; à criação pelo Estado de setores especializados em currículo; a publicações, em revistas acadêmicas, sobre pesquisas e estudos a respeito da temática.

Para ampliarmos o conhecimento acerca desse campo de estudos, levamos em conta um panorama criado por Silva (2010), o qual analisa as teorias do currículo desde sua gênese até a formulação das teorias pós-críticas, com base em vários estudos de autores desse campo. Recorremos a tal panorama para apresentar as principais concepções de currículo, sem a intenção de considerar qualquer uma delas correta ou equivocada.

Essas concepções serão apresentadas numa certa sequência por uma questão de estruturação didática. Entretanto, as concepções de currículo não foram construídas e efetivadas de forma linear, não são fixas e nem sempre uma supera outra; por vezes, misturam-se e coexistem num mesmo período histórico.

1.2.1 Teorias tradicionais

Profissionais da educação, especialmente aqueles ligados à administração escolar, dedicaram-se a racionalizar o processo de construção, desenvolvimento e testagem de currículos inspirados nas ideias desenvolvidas por John Franklin Bobbitt, no livro *The Curriculum* (1918). Este, por sua vez, buscou na administração científica fabril os fundamentos para desenvolver seus estudos sobre currículo.

Bobbitt (1918) propunha que a organização e o funcionamento da escola fossem iguais aos de uma empresa comercial ou industrial. Dessa forma, a instituição escolar deveria adotar o modelo proposto por Frederick Taylor. A orientação de Bobbitt se constituiu em uma das vertentes dominantes da educação nos Estados Unidos no século XX e se destacou entre as teorias tradicionais do currículo. Concorreu com vertentes mais progressistas, como a desenvolvida por John Dewey, por exemplo, o qual defendia, entre outros aspectos, que as experiências e os interesses das crianças e dos jovens fossem considerados no currículo e que a educação se pautasse em princípios democráticos. Contudo, essa vertente não se destacou como a de Bobbitt, mesmo tendo sido divulgada em 1902, antes da publicação da obra *The Curriculum*.

O modelo proposto por Bobbitt se consolidou por meio da publicação do livro *Basic Principles of Curriculum and Teaching*, em 1949, de Ralph Tyler, o qual teve forte influência nos Estados Unidos e em outros países nas quatro décadas seguintes. Para Tyler, assim como para Bobbitt, o currículo é uma questão técnica, centrado em questões de organização e desenvolvimento.

Dessa maneira, as teorias tradicionais, representadas especialmente por Bobbitt e Tyler, compreendem que o currículo se reduz a uma atividade técnica, burocrática e administrativa. É entendido como descrição detalhada e precisa de conteúdos, objetivos, procedimentos e métodos, os quais devem ser rigorosamente seguidos e mensurados a fim de assegurar a formação de indivíduos que exerçam com eficiência suas ocupações profissionais quando adultos.

Essas teorias não apresentam em seu bojo a preocupação com a transformação das estruturas sociais vigentes e consideram-se neutras, desinteressadas e científicas, pois alegam que trabalham exclusivamente com os conhecimentos científicos do patrimônio histórico-cultural da humanidade.

1.2.2 Teorias críticas

A partir da década de 1960, intensos debates, protestos e reivindicações surgiram em diversos países ocidentais, realizados por movimentos sociais e culturais em prol de melhores condições de vida e garantia dos direitos da população.

Foi nesse contexto que apareceram produções que questionavam a estrutura e as teorias educacionais tradicionais, sendo que em cada país ou região predominou a contribuição de determinado representante ou grupo de representantes. Na Inglaterra, por exemplo, destacaram-se os estudos de Michael Young; no Brasil, as produções de Paulo Freire; e, na França, as contribuições de Louis Althusser, Pierre Bourdieu, Jean-Claude Passeron, Christian Baudelot e Roger Establet.

As teorias críticas do currículo se opõem aos fundamentos das teorias tradicionais, e é a questão do poder que as caracteriza como antagônicas. Enquanto as teorias tradicionais defendem a aceitação, a adaptação e a manutenção da estrutura e das condições sociais vigentes, as teorias críticas defendem a transformação social.

Para as teorias críticas, o currículo não é neutro, tampouco desinteressado. Ele é utilizado pela escola para transmitir e validar as crenças e os conhecimentos das classes dominantes, a fim de contribuir para a manutenção e a reprodução da sociedade capitalista, convencendo de que esta é a adequada e necessária.

Assim, as classes dominadas não veem sentido naquilo que a escola lhes oferece, ficando convencidas de que são responsáveis pelo próprio fracasso escolar e de que a escola não é um lugar para elas. Dessa forma, perdem a oportunidade de sair da condição em que se encontram, permanecendo na condição de dominação.

Para as teorias críticas, o currículo é político e resultado de um processo de construção histórica e social. Segundo Silva (2010, p. 150),

> o currículo é lugar, espaço, território. O currículo é relação de poder. O currículo é trajetória, viagem, percurso. O currículo é autobiografia, nossa vida, *curriculum vitae*: no currículo se forja nossa identidade. O currículo é texto, discurso, documento. O currículo é documento de identidade.

É necessário pontuar que as teorias críticas são constituídas por, pelo menos, três teorizações, as quais, de maneira geral, são convergentes e concordam com os mesmos pressupostos, dialogam e fornecem elementos para o desenvolvimento uma da outra, mas também têm suas diferenças e especificidades teóricas.

São elas: **as teorizações críticas mais gerais,** especialmente advindas do campo da sociologia e da filosofia, representadas por Louis Althusser, Pierre Bourdieu, Jean-Claude Passeron, Christian Baudelot, Roger Establet, Samuel Bowles e Herbert Gintis; **as teorizações centradas em questões curriculares**, representadas pelos adventos denominados *nova sociologia da educação* e *movimento de reconceptualização* da teoria curricular e pelas contribuições de Michael Apple e Henry Giroux; e **as teorias críticas gerais da educação,** que influenciaram as discussões sobre currículo, nas quais se destacam as produções de Paulo Freire.

As teorizações críticas mais gerais afirmam que a escola e o currículo reproduzem os valores, os hábitos, as crenças e os conhecimentos da classe dominante, contribuindo, dessa maneira, para a manutenção da sociedade capitalista, mas não propõem uma forma de superação dessa condição.

Já outros teóricos, especialmente Giroux e Paulo Freire, vislumbram a possibilidade de emancipação e de libertação dos sujeitos de suas condições de dominação por meio da educação escolar e de um currículo que considerem as tradições culturais e epistemológicas das classes dominadas, e não apenas das classes dominantes.

Com base nas contribuições desses teóricos, a educação escolar passou a compreender o currículo como o elemento estruturante da instituição escolar, o qual propõe conhecimentos e experiências de aprendizagem relacionados diretamente à situação existencial do estudante e que oportunizem a formação integral deste, ou seja, a formação de um sujeito autônomo, crítico e criativo, que tenha condições de analisar, interpretar e interferir na realidade em que vive.

Assim, a seleção, a organização e a sistematização desses conhecimentos e experiências devem ser realizadas pela comunidade escolar, conforme as necessidades e as especificidades de seus estudantes, o contexto em que está inserida e as grandes finalidades da instituição escolar, por meio de um ensino ativo e efetivo.

O currículo não existe por si só – os diferentes sujeitos são os produtores, construtores e realizadores curriculares nas condições concretas da escola e da sociedade. Dessa forma, o centro do currículo, nessa perspectiva, é a pessoa, o sujeito.

Nessa concepção de currículo, as atitudes e os valores transmitidos por meio das relações sociais e pelas rotinas da escola, assim como a estruturação de tempos, espaços, agrupamentos de estudantes, regras e normas, compõem o que é denominado por alguns autores de *currículo oculto*. Segundo Candau e Moreira (2007, p. 18),

> São exemplos de currículo oculto: a forma como a escola incentiva a criança a chamar a professora (tia, Fulana, Professora etc.); a maneira como arrumamos as carteiras na sala de aula (em círculos ou alinhadas); as visões de família que ainda se encontram em certos livros didáticos (restritas ou não à família tradicional de classe média).

Portanto, nessa perspectiva, o currículo é constituído pelos conhecimentos científicos e por todas as organizações, relações e atividades desenvolvidas na escola.

1.2.3 Teorias pós-críticas

De acordo com Silva (2010), as teorias pós-críticas concordam com as teorias críticas em relação ao pressuposto de que o currículo só pode ser entendido nas relações de poder em que está envolvido. No entanto, enquanto as teorias críticas fundamentam sua análise na economia política do poder, as teorias pós-críticas se concentram em formas textuais e discursivas.

Além disso, as teorias pós-críticas não se limitam às relações de poder que envolvem o currículo, o Estado ou as relações econômicas do capitalismo, incluindo e evidenciando também os processos de dominação centrados na raça, na etnia e na sexualidade.

Segundo Silva (2010), as contribuições das teorias pós-críticas não podem ser desconsideradas, pois ampliam a análise das relações de poder; no entanto, também não se podem descartar os mecanismos de dominação e poder baseados na economia que foram denunciados pelas teorias críticas.

Assim, as teorias pós-críticas não superam as teorias críticas, mas os fundamentos de ambas se combinam e se complementam para compreender o campo do currículo.

1.2.4 Caracterização do campo do currículo no Brasil

Agora você já conhece a constituição do campo curricular no contexto internacional. E no Brasil, você sabe como ocorreu esse processo? Você acha que o contexto de estudos internacional influenciou o brasileiro? Vamos tratar de questões históricas e teórico-metodológicas para elucidar tais questões.

É possível verificar que, desde a implantação da educação formal no Brasil, marcada pela educação jesuítica, a partir de 1549, houve uma proposta curricular, mesmo não sendo denominada dessa forma. Destacou-se, inicialmente, o plano de instrução elaborado pelo padre português Manuel da Nóbrega e, na sequência, o *Ratio Studiorum*, documento elaborado e utilizado pelos jesuítas que estabelecia as regras e as normas para a organização das práticas de ensino.

Ambos os documentos fundamentavam-se nos ideais da corte portuguesa, nos princípios do catolicismo e nos pressupostos da pedagogia tradicional. Dessa maneira, trabalhavam com conteúdos humanísticos e enciclopédicos, transmitidos por meio da exposição verbal e de exercícios de repetição e memorização.

Mesmo com a expulsão dos jesuítas do país, em 1759, e a realização de diversas reformas educacionais, as práticas pedagógicas continuaram sendo organizadas e desenvolvidas à luz da pedagogia tradicional.

De acordo com Moreira (2001), entre as décadas de 1920 e 1930 é que se efetivaram as discussões sistematizadas sobre o campo do currículo no Brasil. Isso ocorreu num contexto caracterizado pelo processo de urbanização e industrialização, motivado pelas reformas educacionais do movimento da **Escola Nova**, representado, especialmente, por Anísio Teixeira, Fernando de Azevedo, Mario Casassanta, Carneiro Leão, Francisco Campos etc. Esse movimento não apresentou uma proposta explícita ou específica de currículo. Sua ênfase esteve voltada à metodologia de ensino, mas ofereceu diretrizes para a organização curricular.

O escolanovismo fundamentou-se, especialmente, nas ideias de John Dewey, o qual defendia a educação como principal instrumento para a construção da sociedade democrática; para isso, a escola deveria considerar e respeitar as diversidades, os interesses e a realidade dos estudantes.

Dessa forma, as primeiras sistematizações curriculares no Brasil visavam à articulação do currículo aos interesses, às necessidades e aos estágios de desenvolvimento das crianças. O currículo estava centrado em atividades que favorecessem a observação, o pensamento, a criação, a ação e a decisão das crianças. Os professores deveriam preocupar-se não com a quantidade de conhecimentos desenvolvidos, mas com a qualidade das aprendizagens.

Outros fatores também contribuíram para o desenvolvimento do campo do currículo no Brasil, como a criação do Instituto Nacional de Pegagogia – atual Instituto Nacional de Estudos e Pesquisas Educacionais Anísio Teixeira (Inep) –, em 1938, e a atuação desse órgão na publicação de livros e revistas e na promoção de cursos e eventos sobre a temática. Esse instituto foi responsável pela publicação da *Revista Brasileira de Estudos Pedagógicos*, a partir de 1944, a qual divulgava o pensamento curricular no país, assim como pela publicação do primeiro livro sobre currículo, em 1952, intitulado *Introdução ao estudo da escola primária*, de João Roberto Moreira.

A criação do Programa de Assistência Brasileiro-Americano ao Ensino Elementar (Pabaee), em 1951, objetivou a melhoria da qualidade de ensino, assim como a inclusão da disciplina Currículos e Programas no curso de Pedagogia. Esse programa marcou a inserção do campo do currículo no interior das instituições de ensino superior, tornando-o objeto de ensino e pesquisa.

No fim da década de 1960, a fim de atender às demandas do processo de industrialização que se acentuava no país, a organização curricular passou a se fundamentar nas teorias tradicionais do campo do currículo, especialmente nas **ideias tecnicistas** de Tyler. Assim, a educação brasileira passou a receber forte influência norte-americana e até mesmo acordos entre o Ministério da Educação (MEC) e a *United States Agency for International Development* (Usaid) foram firmados para fortalecer a parceria entre os dois países.

A partir da década de 1980, a organização curricular no Brasil recebeu a influência das **teorias críticas** do campo do currículo, com destaque para as produções de Michael Apple e Henry Giroux, sendo que seus livros, *Ideologia e currículo* (1982) e *Pedagogia radical* (1983), respectivamente, foram traduzidos e publicados em nosso país. É importante mencionar, ainda, a contribuição das **teorias educacionais progressistas** para o campo curricular brasileiro, as quais foram representadas, especialmente, por Paulo Freire e Dermeval Saviani.

A consolidação do campo do currículo no Brasil ocorreu na década de 1990, em decorrência das produções em programas de pós-graduação, da publicação de livros e periódicos, da realização de reuniões científicas, da especialização de estudiosos e pesquisadores nacionais nesse campo, da presença da temática na legislação educacional, nos documentos normativos do Conselho Nacional de Educação (CNE) e nos documentos oficiais do MEC.

Libâneo (2004) destaca a influência e a contribuição de outros teóricos e outras ciências para o campo curricular brasileiro, especialmente a partir de 1990. Além das concepções já tratadas nesta subseção, o autor apresenta outras concepções de organização curricular, como: currículo construtivista, currículo sociocrítico ou histórico-cultural, currículo integrado ou globalizado e currículo como produção cultural.

Ainda conforme Libâneo (2004), o **currículo construtivista** está atrelado aos estudos de Jean Piaget e de seus seguidores. A teoria construtivista enfatiza o papel ativo do sujeito no processo de aprendizagem, razão pela qual o currículo deve propor atividades de acordo com o desenvolvimento intelectual dos estudantes, assim como situações que desenvolvam as capacidades cognitivas e sociais destes, a fim de promover a construção do conhecimento pelo próprio aluno. Nessa perspectiva, a aprendizagem está subordinada ao desenvolvimento cognitivo de cada estudante. Nesse sentido, é mais valorizada "a construção do conhecimento pelo próprio aluno do que a influência da cultura e do professor" (Libâneo, 2004, p. 176).

Segundo o autor, o **currículo sociocrítico ou histórico-cultural** recebe a influência dos estudos da abordagem histórico-cultural, que têm como principal representante Lev Semenovich Vigotski (Libâneo, 2004). Essa abordagem defende a importância e a necessidade da interação social entre os sujeitos e da mediação do professor no processo de aprendizagem e desenvolvimento, sendo que esse processo depende das construções culturais da sociedade. Nessa perspectiva, o currículo deve assegurar a ação educativa contextualizada, relacionada à prática social e à solução de problemas, promovendo a criticidade, a participação e a autonomia.

Libâneo (2004) também faz referência ao **currículo integrado ou globalizado**, o qual se fundamenta nos estudos de autores espanhóis, especialmente Gimeno Sacristán, Torres Santomé e Fernando Hernández. O modelo curricular proposto por esses autores se orienta por duas ideias: integrar os conhecimentos às experiências, a fim de promover a compreensão reflexiva e crítica da realidade; e desenvolver os conteúdos culturais e os conhecimentos científicos, de modo a possibilitar a compreensão de como estes são produzidos e transformados. Para desenvolver esse modelo curricular, os autores citados defendem a metodologia de projetos.

Por fim, Libâneo (2004) trata do **currículo como produção social**, o qual recebe as influências das teorias críticas do campo curricular, especialmente da sociologia crítica. O autor destaca a contribuição dos pesquisadores brasileiros, principalmente de Antonio Flavio Moreira e Tomaz Tadeu da Silva, os quais são responsáveis pela divulgação e pelo aprofundamento dessas teorias no Brasil, fortalecendo a ideia de que o currículo não se reduz a disciplinas e aos respectivos conteúdos, que precisam ser absorvidos, mas se constitui em terreno de luta e contestação, no qual cria e se produz cultura.

Considerando-se essa caracterização, é possível verificar a influência das teorias de outros países na organização curricular brasileira. No entanto, é preciso pontuar que isso não se configura como mera transferência das ideias estrangeiras, uma vez que estas foram afetadas e modificadas pelas tradições históricas, culturais, políticas e sociais brasileiras. Também é importante ressaltar que todas essas teorias não foram surgindo e sendo utilizadas de maneira linear – elas convivem e coexistem em diferentes tempos históricos. Atualmente, aliás, podemos observar diferentes concepções e modelos curriculares sendo utilizados.

1.3 Tendências pedagógicas: interlocuções curriculares

Você já parou para analisar as práticas pedagógicas de seus professores? Todos eles utilizavam as mesmas formas de ensino e avaliação? Todos se relacionavam com os estudantes da mesma maneira? Todos eles oportunizavam a participação ativa dos estudantes?

Possivelmente suas respostas sejam negativas, pois as práticas pedagógicas se fundamentam em diferentes pressupostos teórico-metodológicos, os quais variam de um profissional para outro, de um contexto histórico para outro. Esses pressupostos correspondem às tendências ou concepções pedagógicas.

Nesta seção, buscaremos caracterizar as principais tendências pedagógicas existentes no Brasil, assim como identificar a concepção de currículo adotada em cada caso. Para isso, recorreremos a autores que se dedicaram a esse estudo, como Luckesi (1994), Piletti e Piletti (1997), Libâneo (1999) e, em especial, Saviani (1983). Trataremos a seguir das tendências pedagógicas justamente da maneira como Saviani (1983) as organiza: teorias não críticas, teorias crítico-reprodutivistas e teorias críticas.

1.3.1 Teorias não críticas da educação

As teorias não críticas concebem a educação como autônoma e instrumento de equalização social, não sendo influenciada por condicionantes históricos, sociais, econômicos e culturais. Esse grupo de teorias, constituído pelas tendências tradicional, Escola Nova e tecnicista, embora assuma uma postura de neutralidade diante das questões sociais, visa à manutenção da estrutura e dos princípios da sociedade capitalista.

Para a tendência pedagógica **tradicional**, que predominou no Brasil desde a educação jesuítica até, aproximadamente, 1930, a escola tem a função de difundir a instrução, transmitir os conhecimentos acumulados historicamente, a fim de assegurar a formação moral e intelectual do estudante, conforme as exigências da sociedade. Nessa perspectiva, o currículo é caracterizado por uma listagem de conteúdos científicos fragmentados, desarticulados da prática social, dos interesses e das necessidades dos estudantes; tais conteúdos precisam ser rigorosamente transmitidos pelo professor, o qual é o centro do processo educativo e detentor do conhecimento e do poder.

A transmissão desses conhecimentos ocorre, especialmente, por meio da exposição verbal e de atividades de repetição e de memorização. Nesse contexto, o estudante é passivo e compete a ele apenas assimilar, pela memorização, os conhecimentos transmitidos, assim como obedecer às regras rigorosas determinadas pela escola e pelo professor.

Para a tendência pedagógica **Escola Nova**, que foi implementada entre 1932 e 1960, cabe à escola ajustar, adaptar e formar os estudantes aos valores e às normas da sociedade. Nessa concepção, não existe um currículo sistematizado, preestabelecido, pois os conhecimentos a serem desenvolvidos são definidos cotidianamente, já que precisam atender aos interesses e às necessidades da realidade imediata dos estudantes.

Assim, o professor – que assume a função de estimulador, facilitador e orientador do aprendizado livre e espontâneo do estudante – desenvolve os conhecimentos por meio de um ambiente estimulante, das relações, das atividades livres e em grupos, conforme os interesses dos estudantes, respeitando os diferentes ritmos de aprendizagem. O estudante é o centro dessa concepção e desempenha um papel ativo e participativo.

Já para a tendência **tecnicista**, que surgiu em meados da década de 1950 e teve seu auge na década de 1970, a escola assume a função de formar mão de obra eficiente e produtiva de acordo com os valores e as necessidades do mercado de trabalho, utilizando-se dos princípios do sistema fabril para se organizar.

Dessa maneira, o currículo é constituído por conhecimentos científicos, sem qualquer relação com a subjetividade ou com a prática social, estabelecidos e ordenados numa sequência lógica e rigorosa. Esses conhecimentos são transmitidos por procedimentos e técnicas que garantem o controle do processo de transmissão e recepção.

O professor assume uma função técnica: a de aplicar os conhecimentos organizados em materiais instrucionais, livros didáticos etc., assim como garantir o controle do ambiente de ensino. Ao estudante cabe submeter-se aos padrões, às normas e aos objetivos estabelecidos pela escola, apenas cumprindo as tarefas que lhe são impostas.

1.3.2 Teorias crítico-reprodutivistas da educação

De acordo com Saviani (1983), as teorias crítico-reprodutivistas são denominadas *críticas* porque defendem que a educação só pode ser compreendida se baseada nas condições sociais, históricas, econômicas e culturais em que está inserida; mas também recebem a denominação *reprodutivistas* porque concebem que a educação tem a função de reproduzir o modelo de sociedade vigente, ou seja, o capitalismo. Assim, a escola reproduz os valores, os conhecimentos, os hábitos e as crenças da classe dominante.

Essas teorias tiveram importante papel em nosso país, pois impulsionaram a crítica ao regime autoritário e à pedagogia tecnicista. As teorias crítico-reprodutivistas que se tornaram mais conhecidas e apresentaram reflexões teóricas mais ampliadas são as seguintes: teoria do sistema de ensino como violência simbólica, teoria da escola como aparelho ideológico de Estado e teoria da escola dualista.

A **teoria do sistema de ensino como violência simbólica**, representada por Bourdieu e Passeron, concebe que cabe à escola impor a cultura da classe dominante como legítima, encobrindo as relações de força e opressão e reproduzindo as desigualdades sociais. Tal imposição acontece de maneira que, mesmo cessada a interferência da escola, a dominação e a alienação se perpetuam.

Para a **teoria da escola como aparelho ideológico de Estado**, representada por Althusser, a escola é um mecanismo construído pela burguesia para garantir e perpetuar seus interesses, reproduzindo as relações de exploração capitalista por meio da inculcação de sua ideologia (Saviani, 1983).

Por fim, para a **teoria da escola dualista**, representada por Baudelot e Establet, a escola tem por função formar a força de trabalho e inculcar a ideologia burguesa, além de impedir o desenvolvimento da ideologia do proletariado e a luta revolucionária.

Dessa maneira, essas teorias não acreditam que a escola tenha condições de promover a formação crítica, a emancipação dos sujeitos, tampouco a transformação social, por isso não apresentam uma proposta pedagógica.

1.3.3 Teorias críticas da educação

As teorias críticas concebem que a educação é condicionada pelos fatores políticos, econômicos, sociais e culturais, mas também pode possibilitar a compreensão da realidade histórico-social e promover a formação humana, objetivando a emancipação dos sujeitos e, consequentemente, a construção de uma sociedade justa e igualitária. Esse grupo de teorias, constituído pelas tendências libertadora, libertária e histórico-crítica, visa à transformação da sociedade capitalista.

A tendência **libertadora**, que predominou na década de 1960 e tem como principal representante Paulo Freire, não esteve voltada exclusivamente à educação escolar, mas ao processo educativo em geral, que ocorre na escola e em todas as relações sociais. Nessa perspectiva, cabe ao processo educativo fornecer subsídios aos educandos e conscientizá-los sobre as condições sociais, políticas e econômicas da sociedade a fim de transformá-la.

O currículo proposto por essa tendência se organiza com base nos temas geradores, os quais são extraídos da problematização da prática social em que os educandos vivem e desenvolvidos por meio de diálogo, grupos de discussão e troca de experiências orientadas e animadas pelo educador. O educador iguala-se e adapta-se às características dos educandos, sendo que ambos são sujeitos do ato de conhecimento.

Para a tendência **libertária**, cabe à escola formar sujeitos autogestionários, com capacidade de gestão coletiva, que resistam ao controle e à dominação presentes na sociedade. Os conhecimentos do currículo resultam das experiências e das necessidades de vida social dos estudantes, razão pela qual são definidos por esses sujeitos.

A metodologia de desenvolvimento desses conhecimentos é delineada pelos próprios estudantes, destacando-se as discussões, os debates, as assembleias, os trabalhos em grupos etc. Dessa forma, competem ao professor as funções de orientador, conselheiro e monitor à disposição do grupo; ele se une aos estudantes para, juntos, realizarem as reflexões. O estudante tem autonomia para definir quais conhecimentos quer aprender, como esses conhecimentos serão desenvolvidos e, também, se quer ou não participar da prática educativa proposta.

Na tendência **histórico-crítica**, que passou a ser implementada a partir de 1979, a escola assume a função de socializar o conhecimento científico, a fim de formar sujeitos que tenham condições de interpretar, compreender e interferir criticamente na realidade, com o objetivo de alcançar a almejada transformação social, ou seja, a construção de uma sociedade justa e igualitária.

Nessa tendência, o currículo contempla conhecimentos relacionados diretamente à prática social, os quais são sistematizados com base nas experiências e nos conhecimentos prévios dos estudantes, por meio de encaminhamentos metodológicos diversificados, diferenciados, articulados, desafiadores, contextualizados e com significação social.

O professor é o responsável por esse processo, atuando como mediador entre o conhecimento científico e o conhecimento do estudante, considerando suas necessidades e seus interesses.

O estudante participa das aulas ativamente, é um ser único, concreto, sócio-histórico e que apresenta características próprias de aprendizagem, ou seja, cada um pode aprender de diferentes formas em diferentes tempos.

É importante ressaltar que, embora essas tendências tenham predominado em determinado período histórico e se manifestado cronologicamente na mesma ordem apresentada neste livro, não houve o desaparecimento de uma tendência para ocorrer o surgimento de outras. Elas coexistiram, influenciaram-se e, atualmente, influenciam as práticas pedagógicas.

1.4 E para a escola atual, qual o currículo?

De acordo com Candau e Moreira (2007), ao currículo associam-se diferentes concepções, cada qual caracterizada por uma intencionalidade e determinada por uma concepção de educação e pelos fatores políticos, econômicos, sociais, epistemológicos e culturais que a influenciam em cada período histórico. Assim, tais concepções não são neutras, desinteressadas ou aleatórias: são construções históricas e sociais e revelam intenções, objetivos, posicionamentos e compromissos, ou seja, são **políticas**.

Dessa maneira, para definir a concepção de currículo a ser adotada, bem como para determinar sua organização, é necessário considerar a concepção de educação que se defende ou se almeja. Por sua vez, para identificar a concepção de educação defendida atualmente em nosso país, é preciso consultar os documentos normativos, elaborados e publicados pelo CNE.

De acordo com as Diretrizes Curriculares Nacionais Gerais para a Educação Básica (DCN)[1], instituídas pelo Parecer CNE/CEB n. 7, de 7 de abril de 2010 (Brasil, 2010a), e definidas pela Resolução CNE/CEBn. 4, de 13 de julho de 2010 (Brasil, 2010c),

---

1 É importante mencionar que, além das DCN para a educação básica, o CNE estabelece diretrizes curriculares para todas as etapas e modalidades de ensino especificamente, considerando as características e as especificidades de cada uma delas. Para aprofundamento, consulte o documento Diretrizes Curriculares Nacionais da Educação Básica (Brasil, 2013c).

a educação básica no Brasil consiste em preparar os estudantes para terem condições de contribuir para a construção de uma sociedade democrática e justa, em que seja possível exercer a liberdade, a autonomia e a responsabilidade. Nesse sentido, cabe à escola promover a socialização e o confronto do conhecimento, as trocas de saberes, a interação entre os estudantes, o acolhimento e o aconchego para garantir o bem-estar dos estudantes, a valorização das diferentes culturas e a inclusão das diversidades.

Para atender a essas finalidades, o currículo fundamentado nas teorias tradicionais do campo curricular precisa ser superado, pois essas teorias não oferecem os elementos necessários para a efetivação da educação e da escola cidadã. Somente as contribuições das teorias críticas (teorizações críticas centradas em questões curriculares) e das teorias pós-críticas podem fornecer elementos para essa efetivação.

Nessa perspectiva de educação, conforme Candau e Moreira (2007, p. 18), o currículo se constitui em "experiências escolares que se desdobram em torno do conhecimento, em meio a relações sociais, e que contribuem para construção das identidades de nossos/as estudantes. Currículo associa-se, assim, aos esforços pedagógicos desenvolvidos com intenções educativas".

O segundo e o terceiro capítulos possibilitarão o aprofundamento da compreensão sobre essa concepção de currículo. Portanto, não deixe de estudá-los!

Síntese

Com o estudo deste capítulo, você pôde compreender que o termo *currículo* é polissêmico e que as diversas conceituações a ele atribuídas muitas vezes são divergentes e remetem a diferentes concepções, valores, interesses e intenções. A fim de esclarecê-las melhor, recorremos às teorias que compõem o campo de estudos do currículo: teorias tradicionais, teorias críticas e teorias pós-críticas. Tais teorias se desenvolveram a partir do início do século XX, nos Estados Unidos e em países da Europa, e apresentam pressupostos contraditórios.

Vimos que essas teorias também influenciaram o campo de estudos do currículo no Brasil, o qual iniciou sua constituição a partir de 1920. Entretanto, as ideias dessas teorias foram sendo adaptadas conforme as tradições históricas, sociais, políticas e culturais do país.

Verificamos, ainda, que as tendências pedagógicas que marcaram o contexto educacional brasileiro se apropriaram dos conceitos de *currículo* desenvolvidos pelas teorias curriculares. Com isso, pudemos demonstrar que a educação brasileira é marcada por diversas práticas curriculares.

Por fim, concluímos que cada concepção de educação remete a uma concepção de currículo. Atualmente, a proposta de uma educação escolar cidadã exige um currículo entendido como as experiências escolares nas quais os conhecimentos são desenvolvidos nas relações sociais e promovem o desenvolvimento da identidade dos estudantes.

Indicações culturais

Filmes

ENTRE os muros da escola. Direção: Laurent Cantet. França: Sony Pictures Classics; Imovision, 2008. 128 min.

O filme retrata a realidade de uma escola pública francesa situada na periferia. A comunidade atendida pela escola é caracterizada pela diversidade cultural e pelas desigualdades sociais.

Os conflitos entre professores e estudantes, assim como entre os próprios estudantes, são constantes. Estes se mostram desinteressados e indisciplinados e apresentam baixo rendimento escolar, especialmente em virtude das práticas curriculares tradicionais, que desconsideram a realidade e os interesses dos alunos. Diante de tantos problemas, os professores começam a discutir e propor práticas que visem à superação desses problemas.

O TRIUNFO. Direção: Randa Haines. EUA: Alberta Film Development Program of the Alberta Foundation, Alberta Film Entertainment, Granada Media, Magna Global Entertainment, Old Beantown Films, 2006. 90 min.

O filme narra a história do professor Ron Clark, que sai de sua cidade, onde obteve sucesso em aumentar o rendimento dos alunos por quatro anos consecutivos, e assume o desafio de ensinar em uma escola de bairro humilde, em Nova Iorque, marcado por violência, desigualdades sociais e diversidades culturais.

Inicialmente, o professor tenta desenvolver uma prática pedagógica baseada na pedagogia tradicional e não obtém bons resultados, pois os estudantes não participam das aulas, não se envolvem, e ele passa a conviver com a indisciplina destes. Preocupado com a situação, o professor busca conhecer o contexto dos estudantes e começa a organizar suas práticas com base na realidade e nos interesses deles. A partir disso, consegue a participação e o envolvimento dos estudantes, os quais apresentam bons resultados.

SOCIEDADE dos poetas mortos. Direção: Peter Weir. EUA: Touchstone Pictures. 1989. 128 min.

O filme retrata a realidade de uma escola que funciona em regime de internato, sendo destinada somente a estudantes homens. A escola é bastante rígida e conservadora, fundamentando-se nos princípios da pedagogia tradicional. Os pais matriculam seus filhos nessa instituição a fim de garantir o ingresso destes nas melhores universidades. Os estudantes têm papel totalmente passivo, não podendo manifestar suas opiniões e vontades.

Contrário a essa proposta, o professor Keating passa a desenvolver uma prática pedagógica que relaciona os conhecimentos à realidade, considerando os interesses dos estudantes, oportunizando a participação e a reflexão crítica. Os estudantes começam a participar das aulas e a desenvolver a criticidade. Contudo, a direção da instituição não aprova a prática do professor.

Livro

JOSÉ, E. **Uma escola assim, eu quero pra mim.** São Paulo: FTD, 1999.

O livro narra a história de um menino chamado Rodrigo que saiu do sítio e foi estudar na cidade. No entanto, sua professora, dona Marisa, é muito brava, desenvolve práticas tradicionais e desconsidera as experiências dos estudantes. Até que um dia a professora Celinha substitui dona Marisa e passa a estabelecer uma relação afetiva com os estudantes, assim como a desenvolver práticas pedagógicas lúdicas, interativas e a considerar as experiências das crianças. Rodrigo e os demais colegas passam, então, a participar das aulas.

Atividades de autoavaliação

1. A pesquisadora Marilza Regattieri, responsável pelo ensino médio e pela educação profissional da Organização das Nações Unidas para a Educação, a Ciência e a Cultura (Unesco), em entrevista concedida à jornalista Veronica Fraidenraich, da revista *Gestão Escolar*, propõe currículos mais dinâmicos e que ofereçam aos alunos uma formação integral.

> Regattieri afirma que "é preciso garantir à instituição a escolha de um modelo [curricular] segundo a realidade e o perfil de seus alunos". Para a pesquisadora, o currículo precisa centrar-se em "aprendizagens que garantam ao cidadão [...] o preparo para continuar os estudos e evoluir enquanto pessoa e profissionalmente. Assim, ele estaria apto para desenvolver habilidades que qualquer tipo de trabalho demanda, na escrita, na fala, na construção do raciocínio lógico e no domínio de uma Língua Estrangeira". (Fraidenraich, 2011, p. 1)

Essa proposta apresentada pela pesquisadora pode ser relacionada à concepção de currículo de quais teorias do campo curricular apresentadas por Silva (2010)?

a) Às teorizações críticas centradas em questões curriculares, as quais concebem o currículo como elemento estruturante da instituição escolar, que propõe conhecimentos e experiências de aprendizagem relacionados diretamente à situação existencial dos estudantes, oportunizando sua formação integral.

b) Às teorias tradicionais do campo do currículo, nas quais o currículo se reduz a uma atividade técnica, burocrática e administrativa. É entendido como descrição detalhada e precisa de conteúdos, objetivos, procedimentos e métodos, os quais devem ser rigorosamente seguidos e mensurados, a fim de assegurar a formação de indivíduos que exerçam com eficiência suas ocupações profissionais quando adultos.

c) Às teorizações críticas mais gerais, as quais afirmam que a escola e o currículo reproduzem os valores, os hábitos, as crenças e os conhecimentos da classe dominante, contribuindo, dessa forma, para a manutenção da sociedade capitalista, mas não propõem uma forma de superação dessa condição.

d) Às teorias tradicionais do campo do currículo, as quais concebem o currículo como elemento fundamental para a formação integral e cidadã dos estudantes, que contempla conhecimentos relevantes socialmente.

2. Conforme uma pesquisa desenvolvida pelo Centro Brasileiro de Análise e Planejamento (Cebrap), publicada pela revista *Nova Escola*,

> os jovens não veem sentido em muitos dos conteúdos ensinados em sala e reclamam que os professores não usam a tecnologia durante as aulas. Outras questões levantadas são a falta de correspondência entre a realidade da escola e a vivida por esses adolescentes fora do ambiente educacional [...] e a ausência de consenso sobre os principais objetivos do Ensino Médio. (Nova Escola, 2013, p. 2)

Assim, é possível afirmar que o currículo desenvolvido com os estudantes que participaram da pesquisa é caracterizado por quais teorias do campo curricular apresentadas por Silva (2010)?

a) Pelas teorizações críticas centradas em questões curriculares.

b) Pelas teorias tradicionais do campo do currículo.

c) Pelas teorizações críticas mais gerais.

d) Pelas teorias pós-críticas.

3. Leia um fragmento do texto "Após a aventura, perseguindo uma utopia", escrito por Fernando Hérnandez:

> Sabemos que se aprende melhor... Quando se contextualiza o que se aprende.
> Quando os aprendizes se sentem envolvidos no que aprendem.
> Quando se descobre o mundo em companhia de outros. (Hérnandez, 2009, p. 57)

Essas considerações de Hérnandez podem ser relacionadas aos fundamentos de quais teorias da educação propostas por Saviani (1983)?

a) Teorias críticas.

b) Teorias crítico-reprodutivistas.

c) Teorias não críticas.

d) Teorias pós-modernas.

4. Analise a imagem e responda a questão a seguir:

BLÁBLÁBLÁBLÁBLA
BLÁBLÁBLÁBLÁBLÁ
BLÁBLÁBLÁBLÁBLÁBLÁ
ÁBLÁBLÁBLÁBLÁBLÁBL
BLÁBLÁBLÁBLÁBLÁBLÁ
BLÁBLÁBLÁBLÁBLÁ
ÁBLÁ...entendido?

SIIIIIIIMM!

Crédito: Ann.and.Pen/Shutterstock

A imagem anterior representa as características de qual tendência pedagógica apresentada por Saviani (1983)?
a) Escola Nova.
b) Histórico-crítica.
c) Tradicional.
d) Libertária.

5. Um professor de uma escola do ensino médio organiza suas aulas considerando as necessidades e os interesses dos estudantes, promove a participação ativa destes e utiliza diversas estratégias para contemplar os diferentes níveis e ritmos de aprendizagem. Assim, esse professor atua como mediador entre o conhecimento científico e os conhecimentos prévios dos estudantes.

Essa postura do professor pode ser relacionada a qual tendência pedagógica apresentada por Saviani (1983)?
a) Tecnicista.
b) Tradicional.
c) Histórico-crítica.
d) Escola Nova.

Atividades de aprendizagem

Questões para reflexão

1. Assista ao vídeo "Currículo em pauta", analise-o e responda às questões a seguir:

   TV UNIVERSIDADE – UFMT. **Currículo em pauta**. 20 fev. 2020. Disponível em: <https://www.youtube.com/watch?v=eMG1GYLBg2w>. Acesso em: 1º fev. 2024.

   a) Identifique o conceito de currículo apresentado pela entrevistada.
   b) Relacione esse conceito às práticas ou situações vivenciadas por você no ambiente escolar.
   c) Como o currículo é constituído ou construído?
   d) Quais elementos influenciam na construção do currículo?
   e) Segundo a entrevistada, quais são os objetivos da elaboração de uma Base Nacional Comum Curricular (BNCC)?

2. Assista a um trecho do filme *O sorriso de Monalisa* e identifique a qual(is) tendência(s) pedagógica(s) a prática pedagógica retratada pode ser relacionada. Justifique sua resposta.

   O SORRISO de Monalisa. Direção: Mike Newell. EUA, 2003. 117 min.

Atividade aplicada: prática

1. Entreviste dois professores para lhes apresentar a seguinte questão: O que vocês entendem por *currículo?* Por meio das respostas, identifique as concepções dos entrevistados sobre o currículo e relacione-as às concepções das teorias do campo curricular apresentadas por Silva (2010).

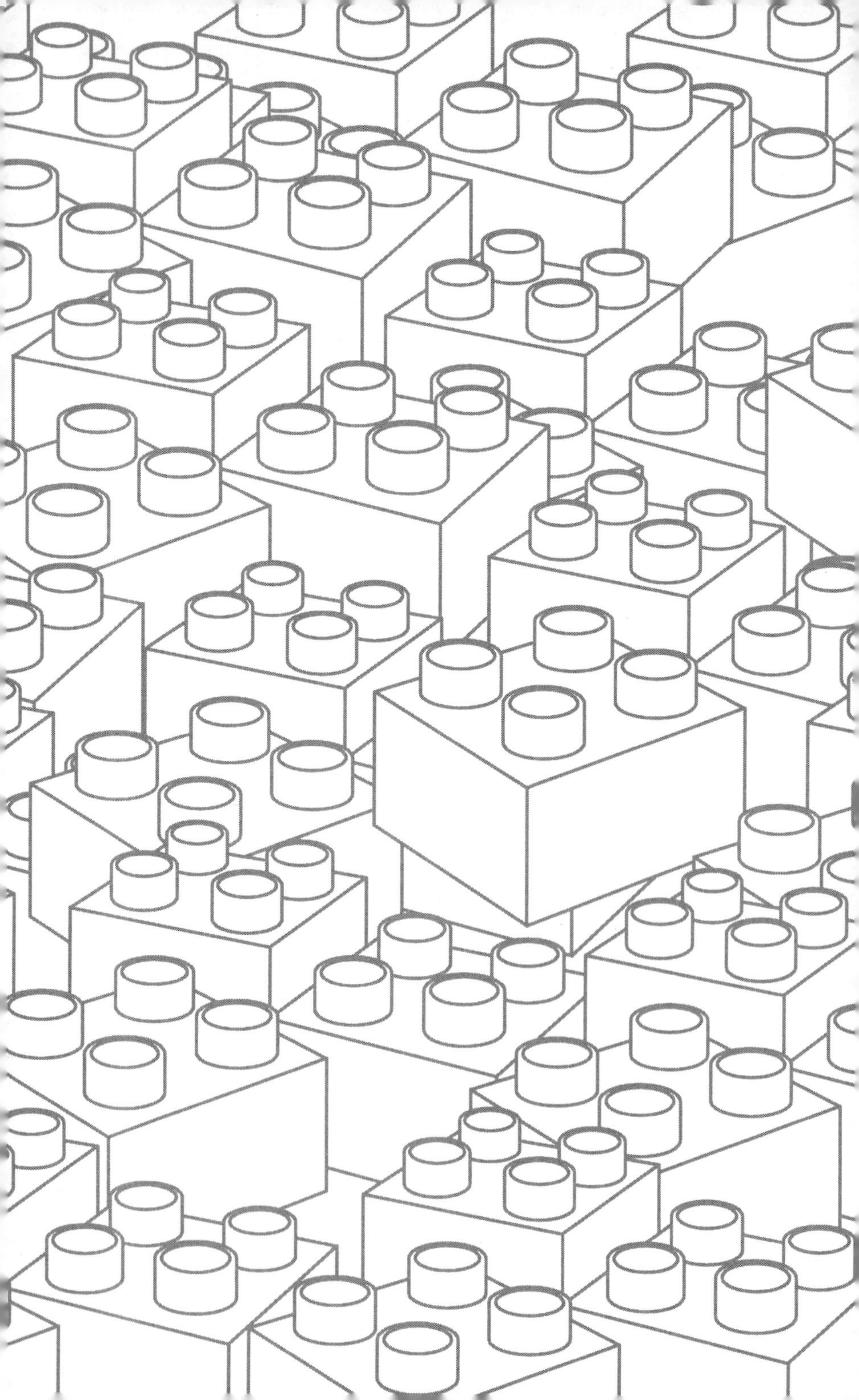

2 As políticas educacionais para o currículo

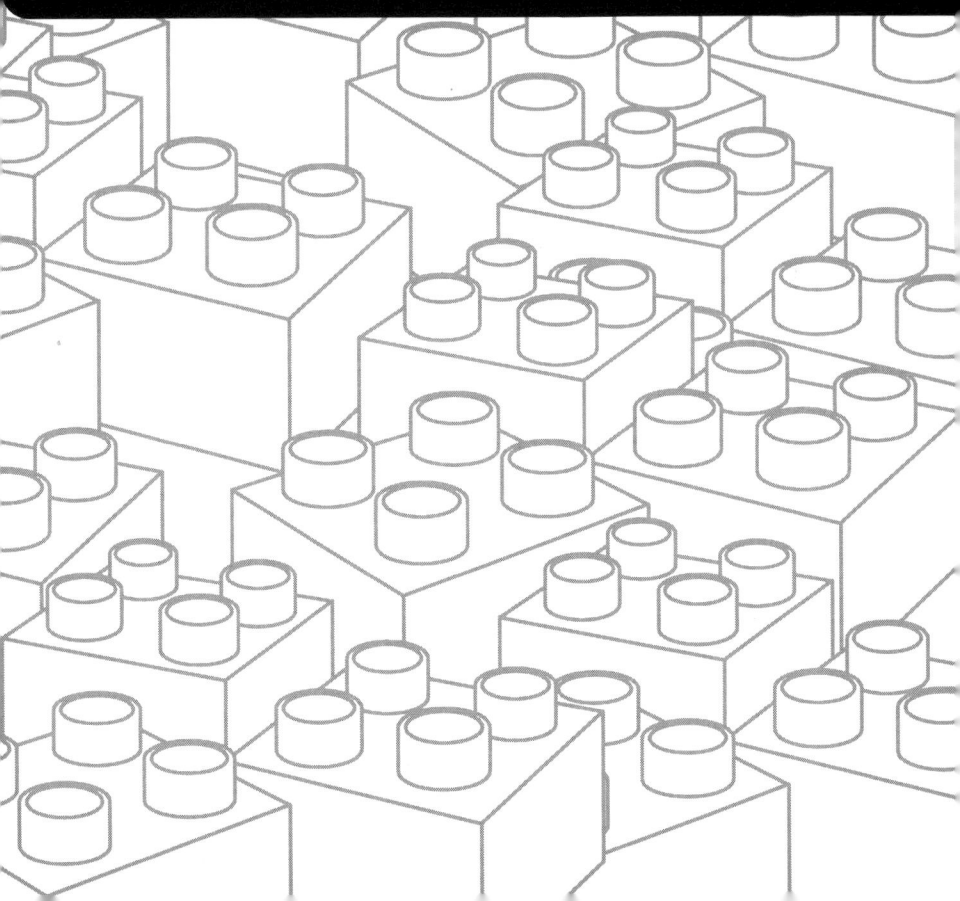

No capítulo anterior, apresentamos uma discussão acerca da construção histórica das teorias do currículo. Vimos que uma teoria curricular nasce em um contexto histórico, político e social, pautado em determinadas concepções, e que, paulatinamente, vai ganhando corpo e significado. Desse modo, os currículos não se constituem em um vazio conceitual, mas são influenciados por diferentes variantes, entre elas as políticas educacionais.

Tecidas essas considerações iniciais, neste capítulo examinaremos as políticas educacionais elaboradas pelo Poder Público que versam sobre o currículo. Nesse sentido, tomaremos dois caminhos: o das linhas gerais, que regem a organização do currículo, isto é, a legislação educacional e os documentos normativos; e o dos documentos oficiais, que auxiliam na implementação das determinações legais em relação ao currículo.

2.1 Caminhos legais para o currículo

Segundo Vieira (2009), as **políticas educacionais** constituem as ações e as ideias governamentais projetadas pelo Poder Público que compõem o cenário das políticas públicas, sendo concebidas e gestadas em função das necessidades manifestadas pela sociedade como um todo.

Em geral, as políticas educacionais são reguladas por leis e se configuram nas diferentes esferas do Poder Público: União, estados e municípios. Tendo isso em vista, nesta seção, analisaremos as políticas educacionais para o currículo gestadas no âmbito nacional, aprofundando nosso olhar sobre a Constituição Federal – CF (Brasil, 1988), a Lei de Diretrizes e Bases da Educação Nacional (LDBEN) – Lei n. 9.394, de 20 de dezembro de 1996 (Brasil, 1996) –, o Plano Nacional de Educação (PNE) e as Diretrizes Curriculares Nacionais (DCN).

2.1.1 Constituição Federal

A discussão do currículo pela perspectiva do âmbito legal implica olhar, inicialmente, para a Carta Magna que compõe a legislação educacional brasileira: a Constituição Federal (CF) de 1988. No que tange à educação, a CF a apresenta em seu art. 6º como **direito social**. A garantia desse direito é bem explicitada no art. 205, que expõe:

> Art. 205. A educação, direito de todos e dever do Estado e da família, será promovida e incentivada com a colaboração da sociedade, visando ao pleno desenvolvimento da pessoa, seu preparo para o exercício da cidadania e sua qualificação para o trabalho. (Brasil, 1988)

É competência da União, dos estados e dos municípios assegurar esse direito.

A CF ainda destaca, no art. 206, alguns princípios que devem reger a educação brasileira:

> Art. 206. O ensino será ministrado com base nos seguintes princípios:
> I – igualdade de condições para o acesso e permanência na escola;
> II – liberdade de aprender, ensinar, pesquisar e divulgar o pensamento, a arte e o saber;
> III – pluralismo de ideias e de concepções pedagógicas, e coexistência de instituições públicas e privadas de ensino;
> IV – gratuidade do ensino público em estabelecimentos oficiais;
> V – valorização dos profissionais da educação escolar, garantidos, na forma da lei, planos de carreira, com ingresso

> exclusivamente por concurso público de provas e títulos, aos das redes públicas;
> VI – gestão democrática do ensino público, na forma da lei;
> VII – garantia de padrão de qualidade;
> VIII – piso salarial profissional nacional para os profissionais da educação escolar pública, nos termos de lei federal;
> IX – garantia do direito à educação e à aprendizagem ao longo da vida. (Brasil, 1988)

É necessário frisar que alguns desses princípios têm implicação direta na organização dos currículos escolares. Todavia, para que esses princípios se efetivem nesses currículos, também é fundamental que o Poder Público viabilize ações para que eles se concretizem na prática.

Nesse sentido, as análises feitas por Saviani (2013) acerca dos 25 anos da CF corroboram essa ideia. Segundo o autor, embora a carta constitucional tenha trazido importantes avanços no âmbito da educação, eles não foram, em muitos casos, concretizados na prática, uma vez que não se garantiram as condições de sua realização. Consideremos, por exemplo, a problemática da educação brasileira ante a questão da qualidade do ensino.

A CF ainda dispõe a respeito da organização dos conteúdos do currículo escolar. O art. 210 define que "Serão fixados conteúdos mínimos para o ensino fundamental, de maneira a assegurar formação básica comum e respeito aos valores culturais e artísticos nacionais e regionais" (Brasil, 1988). Os parágrafos 1º e 2º desse mesmo artigo asseguram a oferta do Ensino Religioso e da Língua Portuguesa no ensino fundamental regular, assim como das línguas maternas nas comunidades indígenas:

> Art. 210. [...]
> § 1º O ensino religioso, de matrícula facultativa, constituirá disciplina dos horários normais das escolas públicas de ensino fundamental.
> § 2º O ensino fundamental regular será ministrado em língua portuguesa, assegurada às comunidades indígenas também a utilização de suas línguas maternas e processos próprios de aprendizagem. (Brasil, 1988)

Podemos destacar que a valorização cultural prevista na CF foi um importante avanço no âmbito educacional. Entretanto, como nos alerta Saviani (2013, p. 215), se, por um lado, a escola pública obteve importantes conquistas, por outro, "os ganhos dos adeptos da escola particular foram maiores".

Durante a Constituinte, houve intensa pressão das igrejas para que fosse garantido o Ensino Religioso nos currículos escolares. Porém, se o Estado é laico, isto é, se cada um tem direito à liberdade religiosa, essa questão se situa num conflito ideológico e político. O caso do Ensino Religioso é apenas uma das situações que desvelam a pressão de certos setores da sociedade na constituição de uma lei. Do mesmo modo, isso já nos ajuda a compreender que o currículo é sempre um território de disputas.

Avançando mais um pouco no âmbito da legislação educacional e da dimensão do currículo, a seguir abordaremos a LDBEN de 1996.

2.1.2 Lei de Diretrizes e Bases da Educação Nacional

Tratar das questões curriculares presentes na LDBEN nos impulsiona, em um primeiro momento, a compreender a trajetória, do ponto de vista histórico, que culminou na elaboração da referida lei. Assim, a pergunta que nos cabe é: Como surgiram as políticas educacionais brasileiras e a LDBEN?

O que pode ser considerado como a primeira política educacional brasileira teve início com a chegada dos jesuítas ao Brasil, em 1549. A ordem jesuíta, ao chegar ao país, trouxe consigo um "regimento" enviado de Portugal por D. João III. Tal regimento se caracteriza como uma primeira ação de sistematização do ensino brasileiro, numa concepção de educação pública religiosa (Saviani, 2004).

Todavia, a mudança de imperador em Portugal resultou na vinda do Marquês de Pombal ao Brasil. Uma das primeiras ações tomadas por Pombal foi a expulsão dos jesuítas do Brasil, provocando, em 1759, o fechamento das escolas jesuítas. Nesse cenário, o Marquês propôs algumas reformas no âmbito da instrução pública, proclamando a educação pública estatal (Saviani, 2004).

Em 1822, o Brasil passou por um momento de independência política. Dessa maneira, em 1823, rompeu-se o privilégio que o Estado tinha em relação à instrução popular, o que contribuiu para que a iniciativa privada recuperasse seu espaço no âmbito da instrução.

Diante dessa nova conjuntura política, ocorreu, em 1826, a reabertura do Parlamento e ficou instituído que todas as cidades e vilas populosas teriam uma escola de ensino das primeiras letras (Saviani, 2004). Podemos considerar essa ação como uma das tentativas, ainda que frustradas, da universalização do ensino. Em 1834, as escolas primárias passaram a ser responsabilidade das províncias. Dessa forma, o governo nacional eximiu-se da tarefa e da responsabilidade de fomentar uma educação pública nacional.

Transcorridos aproximadamente 100 anos após esse período, diante de um cenário de forte industrialização brasileira, o analfabetismo passou a ser visto como um grande problema social, como uma doença nacional que deveria ser erradicada (Saviani, 2004). Mobilizado por esse panorama, em 1930 foi criado o Ministério da Educação e Saúde. Assim, a educação, que, por um período centenário, foi afastada das políticas nacionais, foi novamente reconhecida como uma importante questão nacional.

Entre os anos de 1931 e 1932, algumas ações ajudaram a impulsionar o caminho no sentido da construção de um sistema nacional de educação. A CF promulgada em 1934 trouxe em seu bojo diretrizes para a educação nacional e a proposta de elaboração de um PNE. No ano de 1946, entrou em vigor uma nova CF, que previu a educação como direito de todos, sendo o ensino primário obrigatório nas escolas públicas (Saviani, 2004).

A proposta contida nessa Constituição impeliu a construção de uma LDBEN em 1947, mas tal lei só entrou em vigor 14 anos depois, em 1961. Diante do cenário político que o Brasil passou a viver após o golpe militar de 1964, a LDBEN foi submetida a duas alterações: uma em 1968 e outra em 1971. A alteração de 1968 (Lei n. 5.540, de 28 de novembro de 1968) originou as diretrizes para o ensino superior; já a alteração de 1971 (Lei n. 5.692, de 11 de agosto de 1971) originou as diretrizes para o ensino primário e médio.

A LDBEN que ora está em vigor foi promulgada em 1996, 35 anos após aquela que consideramos nossa primeira LDBEN, e é fruto de uma ampla mobilização do meio acadêmico. De fato, a construção de uma nova sistemática educacional brasileira iniciou-se muito antes da aprovação da Lei n. 9.394/1996, num contexto caracterizado pela Nova República e pela promulgação da Carta Magna de 1988. Entre a gestão do primeiro projeto de lei e sua aprovação, decorreram oito anos de tensões, disputas políticas e empresariais, tendo prevalecido os interesses privados (Saviani, 2004).

Conforme Saviani (2004, p. 1), fixar diretrizes e bases da educação nacional é "estabelecer metas e parâmetros de organização da educação a serem seguidos pela totalidade de uma nação". Ora, se o papel de uma lei é projetar normas, direcionamentos, metas, parâmetros e bases para a educação brasileira, poderíamos afirmar que ela também delineia, determina e regula o próprio currículo educacional.

Dado o exposto, devemos agora nos debruçar sobre a essência da LDBEN de 1996, buscando compreender de que maneira ela apresenta os elementos *do* e *sobre* o currículo. Nessa discussão, daremos ênfase à educação básica, uma vez que ela engloba as modalidades e as etapas educativas básicas e obrigatórias.

Em primeiro lugar, cabe perguntar: Qual é a finalidade da LDBEN? O que nela se entende como educação? A LDBEN de 1996 tem a finalidade de fixar diretrizes e bases para a educação escolar brasileira, concebe a educação como todos os processos formativos que se desenvolvem nos diferentes espaços sociais, considerando que esta é dever da família e do Estado, e objetiva o desenvolvimento do educando, o preparo para o exercício da cidadania e a qualificação para o trabalho.

O art. 3º da LDBEN de 1996 assegura alguns princípios à educação brasileira, os quais são os mesmos determinados pela CF de 1988, acrescidos de outros três que têm implicação direta sobre o currículo, a saber: respeito à liberdade e apreço à tolerância, valorização da experiência extraescolar e consideração com a diversidade étnico-racial (Brasil, 1996). Esse último princípio foi incluído pela Lei n. 12.796, de 4 de abril de 2013 (Brasil, 2013a), resultado de uma longa luta do Movimento Negro em torno da discussão das questões raciais, especialmente nas últimas décadas.

Segundo Gomes (2011), embora a escola seja um espaço de democratização, lugar em que se pode caminhar na contramão das discriminações, ela tem sido palco de reprodução dos preconceitos e reforço das desigualdades sociais e raciais. É esse quadro que movimenta uma agenda política que atue diretamente nessas questões.

A Lei n. 9.394/1996 define a organização e a obrigatoriedade do ensino, estabelecendo que a educação básica é obrigatória e gratuita dos 4 aos 17 anos de idade, estruturada em pré-escola, ensino fundamental e ensino médio. Em 19 de dezembro de 2006, foi aprovada a Emenda Constitucional n. 53 (Brasil, 2006), que ampliou o ensino fundamental de oito para nove anos. Isso resultou na antecipação do processo de escolarização das crianças, que passaram a frequentar as instituições escolares a partir dos 6 anos. Já no ano de 2013, foi aprovada a lei que alterou novamente a idade da obrigatoriedade do ensino de 6 para 4 anos, determinação que entrou em vigor em 2016.

Cabe ressaltar que, na primeira versão da referida lei, a educação básica obrigatória e gratuita era definida para estudantes entre 7 e 14 anos. No que dizia respeito ao ensino médio, a lei tratava de uma progressiva expansão. Assim, a obrigatoriedade, sobretudo do ensino médio, representa um importante avanço nos processos de escolarização de nossos adolescentes e jovens. Todavia, somente a mudança na lei acerca dessa obrigatoriedade não garante a esses adolescentes e jovens o acesso à escola e a permanência nesta, tampouco o ensino e a aprendizagem de qualidade.

O que vemos, atualmente, é um aumento da taxa de evasão dos estudantes que estão cursando os anos finais do ensino fundamental e do ensino médio, que são as etapas de ensino que demonstram mais fragilidade na garantia de direitos à educação básica. Nesse sentido, as políticas devem estar atreladas a diferentes ações que impactem diretamente a permanência desses jovens nessa etapa de ensino, uma vez que são inúmeras as questões que influenciam na evasão desses sujeitos.

No que tange à responsabilidade incumbida aos estabelecimentos de ensino e aos docentes, a LDBEN de 1996 dá destaque às propostas apresentadas no quadro a seguir.

Art. 12. Os estabelecimentos de ensino, respeitadas as normas comuns e as do seu sistema de ensino, terão a incumbência de: I – elaborar e executar sua proposta pedagógica; II – administrar seu pessoal e seus recursos materiais e financeiros; III – assegurar o cumprimento dos dias letivos e horas-aula estabelecidas; IV – velar pelocumprimento do plano de trabalho de cada docente; V – prover meios para a recuperação dos alunos de menor rendimento; VI – articular-se com as famílias e a comunidade, criando processos de integração da sociedade com a escola; VII – informar pai e mãe, conviventes ou não com seus filhos, e, se for o caso, os responsáveis legais, sobre a frequência e rendimento dos alunos, bem como sobre a execução da proposta pedagógica da escola; VIII – notificar ao Conselho Tutelar do Município, ao juiz competente da Comarca e ao respectivo representante do Ministério Público a relação dos alunos que apresentem quantidade de faltas acima de 30% (trinta por cento) do percentual permitido em lei.	Art. 13. Os docentes incumbir-se-ão de: I – participar da elaboração da proposta pedagógica do estabelecimento de ensino; II – elaborar e cumprir plano de trabalho, segundo a proposta pedagógica do estabelecimento de ensino; III – zelar pela aprendizagem dos alunos; IV– estabelecer estratégias de recuperação para os alunos de menor rendimento; V – ministrar os dias letivos e horas-aula estabelecidos, além de participar integralmente dos períodos dedicados ao planejamento, à avaliação e ao desenvolvimento profissional; VI – colaborar com as atividades de articulação da escola com as famílias e a comunidade.

Fonte: Brasil, 1996.

Os artigos mencionados anteriormente enfatizam a responsabilidade dos estabelecimentos de ensino e dos professores em relação à elaboração e ao desenvolvimento das dimensões do planejamento educacional (proposta pedagógica e plano de trabalho), bem como os aspectos que organizam e definem o currículo escolar. Também destacam a participação de toda a comunidade escolar na construção, na execução e na avaliação das propostas pedagógicas.

Ao analisarmos os arts. 12 e 13, podemos perceber que, na lei, garante-se maior autonomia aos docentes e às instituições na definição de seus currículos e nas formas de gestão escolar. Mas, como diz um velho ditado, "o feitiço pode virar contra o feiticeiro". Segundo Saviani (2013, p. 216),

> a gestão democrática expressava os anseios dos professores de participação nas decisões, em contraposição à sua exclusão levada a efeito pelo regime autoritário. No entanto, uma vez incorporada pela legislação, a gestão democrática passou a funcionar como um mecanismo utilizado pelos governantes para responsabilizar os professores pelas mazelas do funcionamento das escolas.

Partindo-se desse pressuposto, é comum os professores se sentirem acuados com a situação e ficarem na defensiva ante a culpabilização que recai sobre eles. Ao reportar-se à educação básica, a atual LDBEN destaca que ela tem como finalidade desenvolver o educando, fornecer-lhe meios para progredir no trabalho e nos estudos e assegurar-lhe uma formação comum. Todos esses elementos são indispensáveis para o exercício da cidadania.

No que diz respeito à sistematização do ensino da educação básica, a referida lei propõe a organização por grupos não seriados, séries anuais, períodos semestrais, ciclos e alternância regular de estudos com base na idade ou na competência, entre outras formas de organização. Logo, deixa a cargo dos sistemas de ensino e das instituições educativas a forma de organização.

Entre essas possibilidades, a que ganhou corpo nas escolas públicas brasileiras foi a organização escolar em ciclos. Em geral, essa concepção contrapõe-se à proposta de seriação e, sobremaneira, à ideia de reprovação. Aparentemente, ela chega como possibilidade de superação dos problemas escolares e, principalmente, do fracasso dos estudantes. Contudo, mudar a forma de organização não implica necessária mudança no que ocorre no interior da escola. É preciso ir além: **mudar a organização da escola significa mudar a escola.**

Ao aludir especificamente aos currículos, a Lei n. 9.394/1996 reitera a construção de uma base nacional comum. Convém lembrar que o texto da CF de 1988 já previa essa necessidade. Ao tratar dessa base nacional comum, a LDBEN a estende a toda a educação básica: educação infantil, ensino fundamental e ensino médio. O art. 26 dessa legislação ainda prevê a complementação dos currículos com uma parte diversificada, "exigida pelas características regionais e locais da sociedade, da cultura, da economia e dos educandos" (Brasil, 1996).

O parágrafo 1º desse mesmo artigo dispõe:

> § 1º Os currículos a que se refere o *caput* devem abranger, obrigatoriamente, o estudo da língua portuguesa e da matemática, o conhecimento do mundo físico e natural e da realidade social e política, especialmente do Brasil. (Brasil, 1996)

Ao referir-se ao ensino da Arte, a LDBEN de 1996 afirma, no parágrafo 6º do art. 26, na nova redação dada pela Lei n. 13.278/2016, que esta é componente curricular obrigatório na educação básica, constituído pelas linguagens artísticas: as artes visuais, a dança, a música e o teatro.

Do mesmo modo, no parágrafo 3º, assegura o ensino da Educação Física, de caráter obrigatório, mas apresenta a facultatividade ao estudante que cumpra jornada de trabalho de seis horas ou mais, que seja maior de trinta anos, que esteja prestando serviço militar ou que tenha prole.

A forma como a Educação Física passa a ser contemplada na LDBEN de 1996 foi objeto de críticas realizadas por pesquisadores dessa área, que questionaram a dualidade entre corpo e mente sugerida pela lei. De certa forma, existe na educação uma propensão de valorizar aquilo que é produzido pela mente, entendendo-se que "o que deriva da mente é considerado nobre, possui um status superior" (Sayão, 2008, p. 93); assim, o corpo se manifesta somente vinculado à matéria, desvinculado do social.

Ao estabelecer a facultatividade das aulas de Educação Física, a lei só reforça a dissociação daquilo que é indissociável: o corpo e a mente. Além disso, ao determinar que alguns grupos sociais estão eximidos de participar das aulas de Educação Física, cabe perguntar: Sob qual princípio se estabelecem essas decisões? Em que concepção de Educação Física a LDBEN se baseou para determinar quem deve ou não participar das aulas? Para além disso, qual concepção de Educação Física a LDBEN está defendendo para os currículos escolares? Embora essas perguntas sejam feitas no âmbito da Educação Física, elas também cabem a outros componentes curriculares. Isso nos leva a perceber que a construção da referida lei se constituiu em um território de intensas disputas.

No tocante ao ensino de História do Brasil, a LDBEN busca contemplar a pluralidade cultural como objeto de conhecimento. Assim, no art. 26, parágrafo 4º, é determinado que "O ensino da História do Brasil levará em conta as contribuições das diferentes culturas e etnias para a formação do povo brasileiro, especialmente das matrizes indígena, africana e europeia" (Brasil, 1996).

Com relação à parte diversificada do currículo, delibera-se no art. 26, parágrafo 5º, conforme a nova redação dada pela Lei n. 13.415/2017, que, a partir da 5ª série ou do 6º ano do ensino fundamental, será ofertada a língua inglesa.

A lei ainda prescreve a integração nos currículos dos princípios da proteção de defesa civil e educação ambiental, bem como a obrigatoriedade de exibição de filmes de produção nacional por, no mínimo, duas horas mensais, como componente curricular complementar integrado à proposta pedagógica da escola (art. 26, §§ 7º e 8º).

Além disso, a lei estabelece, nos parágrafos 7º, 9º e 9º-A do art. 26, que os sistemas de ensino podem desenvolver projetos e pesquisas relacionados a temas transversais relativos aos direitos humanos (como a prevenção de violência contra a criança, o adolescente e a mulher) e à educação alimentar e nutricional.

No art. 26-A, a referida lei define diretrizes para o estudo da história e cultura afro-brasileira e indígena. É importante ressaltar que esse artigo foi incluído na LDBEN somente em 2008, substituindo o texto aprovado pela Lei n. 10.639, de 9 de janeiro de 2003 (Brasil, 2005). Esse hiato entre a aprovação da primeira versão da lei e sua última atualização, no que concerne à história e à cultura afro-brasileira e indígena, revela que essa discussão, por um longo tempo, ficou à margem do cenário político.

> Art.26-A. Nos estabelecimentos de ensino fundamental e de ensino médio, públicos e privados, torna-se obrigatório o estudo da história e cultura afro-brasileira e indígena.
>
> § 1º O conteúdo programático a que se refere este artigo incluirá diversos aspectos da história e da cultura que caracterizam a formação da população brasileira, a partir desses dois grupos étnicos, tais como o estudo da história da África e dos africanos, a luta dos negros e dos povos indígenas no Brasil, a cultura negra e indígena brasileira e o negro e o índio na formação da sociedade nacional, resgatando as suas contribuições nas áreas social, econômica e política, pertinentes à história do Brasil.
>
> § 2º Os conteúdos referentes à história e cultura afro-brasileira e dos povos indígenas brasileiros serão ministrados no âmbito de todo o currículo escolar, em especial nas áreas de educação artística e de literatura e história brasileiras. (Brasil, 1996)

No que diz respeito ao ensino ofertado nas escolas do campo, o art. 28 orienta que os currículos sejam apropriados às necessidades desse grupo.

Os elementos sobre a interface entre currículo e LDBEN não se esgotam aqui. Contudo, o enfoque central desta subseção foi abordar os principais aspectos da referida lei que abrangem a construção e a organização dos currículos escolares.

2.1.3 Plano Nacional de Educação

O presente Plano Nacional de Educação (PNE) foi implantado pela Lei n. 13.005, de 25 de junho de 2014 (Brasil, 2014a), depois de um intenso processo de discussão e debate realizado pelos profissionais de educação e pela sociedade civil organizada e de um moroso trâmite de aprovação.

Esse plano constitui o planejamento da política educacional para todas as etapas e modalidades de ensino nos próximos dez anos (2014-2024) no âmbito nacional. Dessa maneira, o PNE é um plano de Estado, e não somente um plano de governo, sendo que sua elaboração está preconizada, especialmente, pela CF de 1988 e pela LDBEN de 1996.

O PNE tem como diretrizes, conforme o art. 2º:

> Art. 2º [...]
> I – erradicação do analfabetismo;
> II – universalização do atendimento escolar;
> III – superação das desigualdades educacionais, com ênfase na promoção da cidadania e na erradicação de todas as formas de discriminação;
> IV – melhoria da qualidade da educação;
> V – formação para o trabalho e para a cidadania, com ênfase nos valores morais e éticos em que se fundamenta a sociedade;
> VI – promoção do princípio da gestão democrática da educação pública;
> VII – promoção humanística, científica, cultural e tecnológica do País;
> VIII – estabelecimento de meta de aplicação de recursos públicos em educação como proporção do Produto Interno Bruto – PIB, que assegure atendimento às necessidades de expansão, com padrão de qualidade e equidade;
> IX – valorização dos(as) profissionais da educação;
> X – promoção dos princípios do respeito aos direitos humanos, à diversidade e à sustentabilidade socioambiental.
> (Brasil, 2014a)

O plano apresenta ainda 20 metas para todas as etapas da educação nacional e as respectivas estratégias de implantação. Essas metas, em linhas gerais, estão relacionadas: à universalização da educação básica e à ampliação do ensino superior; à promoção do acesso à escola e da permanência nesta; à melhoria da qualidade do ensino e da aprendizagem; à promoção da inclusão e da educação em tempo integral; à valorização dos profissionais da educação por meio da formação, da melhoria salarial e das condições de trabalho.

Os processos de elaboração, desenvolvimento e avaliação dos currículos escolares precisam dialogar com o PNE, contemplando suas determinações e contribuindo, assim, para sua efetivação.

É possível afirmar que o PNE reconhece o currículo escolar como importante instrumento de promoção da qualidade do ensino e da aprendizagem, o que é evidenciado pelas estratégias que estabelecem a implantação da Base Nacional Comum Curricular (BNCC) para assegurar a efetivação de metas relacionadas à melhoria da qualidade de ensino.

> Meta 2: universalizar o ensino fundamental de 9 (nove) anos para toda a população de 6 (seis) a 14 (quatorze) anos e garantir que pelo menos 95% (noventa e cinco por cento) dos alunos concluam essa etapa na idade recomendada, até o último ano de vigência deste PNE.
> Estratégias:
> 2.1) o Ministério da Educação, em articulação e colaboração com os Estados, o Distrito Federal e os Municípios, deverá, até o final do 2º (segundo) ano de vigência deste PNE, elaborar e encaminhar ao Conselho Nacional de Educação, precedida de consulta pública nacional, proposta de direitos e objetivos de aprendizagem e desenvolvimento para os(as) alunos(as) do ensino fundamental;
> 2.2) pactuar entre União, Estados, Distrito Federal e Municípios, no âmbito da instância permanente de que trata o § 5º do art. 7º desta Lei, a implantação dos direitos e objetivos de aprendizagem e desenvolvimento que configurarão a base nacional comum curricular do ensino fundamental; [...]. (Brasil, 2014a)

O PNE traz orientações relacionadas à organização dos currículos no que diz respeito às suas finalidades, à abordagem didático-pedagógica, aos eixos norteadores das práticas pedagógicas, à articulação entre práticas culturais e desportivas, às práticas avaliativas etc., conforme se evidencia nas estratégias 3.1, 3.4 e 10.6, por exemplo.

> 3.1) institucionalizar programa nacional de renovação do ensino médio, a fim de incentivar práticas pedagógicas com abordagens interdisciplinares estruturadas pela relação entre teoria e prática, por meio de currículos escolares

> que organizem, de maneira flexível e diversificada, conteúdos obrigatórios e eletivos articulados em dimensões como ciência, trabalho, linguagens, tecnologia, cultura e esporte [...].
> [...]
> 3.4) garantir a fruição de bens e espaços culturais, de forma regular, bem como a ampliação da prática desportiva, integrada ao currículo escolar;
> [...]
> 10.6) estimular a diversificação curricular da educação de jovens e adultos, articulando a formação básica e a preparação para o mundo do trabalho e estabelecendo inter-relações entre teoria e prática, nos eixos da ciência, do trabalho, da tecnologia e da cultura e cidadania, de forma a organizar o tempo e o espaço pedagógicos adequados às características desses alunos e alunas. (Brasil, 2014a)

Diante dessas considerações, cabe destacar que o PNE se constitui em uma política de educação fundamental para a organização dos sistemas de ensino brasileiro, sendo que em 2024 passará por um novo processo de avaliação e discussão.

2.1.4 Documentos normativos do Conselho Nacional de Educação: Diretrizes Curriculares Nacionais

O Conselho Nacional de Educação (CNE) é um órgão colegiado, independente e associado ao Ministério da Educação (MEC), instituído pela Lei n. 9.131, de 24 de novembro de 1995 (Brasil, 1995). Tem como objetivo contribuir para a formação de uma política nacional de educação e a promoção de uma educação nacional de qualidade por meio de atos normativos, deliberativos e de assessoramento ao ministro da Educação. Os documentos instituídos pelo CNE são normativos[1], ou seja, têm valor de lei.

---

1 Nesta obra, trataremos exclusivamente dos documentos normativos instituídos pelo CNE, em virtude da abrangência nacional. Porém, os Conselhos Estaduais e Municipais de Educação também elaboram documentos normativos, em consonância com os documentos do CNE.

Com relação à elaboração, à organização, ao desenvolvimento e à avaliação dos currículos escolares, o CNE instituiu diretrizes curriculares para todas as etapas e modalidades de ensino, assim como para o desenvolvimento de temáticas específicas: educação básica; educação infantil; ensino fundamental; ensino médio; educação profissional técnica de nível médio; educação básica nas escolas do campo; educação especial; educação de jovens e adultos em situação de privação de liberdade nos estabelecimentos penais; educação escolar indígena; educação escolar de crianças, adolescentes e jovens em situação de itinerância; educação escolar quilombola; educação das relações étnico-raciais e para o ensino de história e cultura afro-brasileira e africana; educação em direitos humanos e educação ambiental[2].

É possível perceber que as diretrizes curriculares são uma construção recente: foi iniciada em 2005, com um indicativo elaborado pelo CNE por meio da Câmara de Educação Básica (CEB). Em tal indicação, propôs-se a revisão das diretrizes até então vigentes; o principal argumento que impulsionou essa proposição foram as mudanças ocorridas nos últimos anos na legislação educacional, especificamente na LDBEN – por exemplo, a ampliação da educação básica, a inclusão da criança de 6 anos no ensino fundamental etc.

As DCN para a educação básica – instituídas e fixadas pelo Parecer CNE/CEB n. 7, de 7 de abril de 2010 (Brasil, 2010a), e pela Resolução CNE/CEB n. 4, de 13 de julho de 2010 (Brasil, 2010c) – representam o carro-chefe no que diz respeito às concepções, aos princípios e às orientações gerais de organização e funcionamento do sistema de ensino brasileiro e seguem em sua composição textual a estrutura da LDBEN. Todavia, algumas diretrizes, destinadas especificamente a etapas e modalidades de ensino, foram construídas antes da publicação das DCN para a educação básica (Brasil, 2010a).

O papel das DCN para a educação básica é estabelecer bases nacionais comuns para a educação infantil, o ensino fundamental e o ensino médio, sistematizando, dessa forma, os princípios sobre essas bases previstas na CF e na LDBEN.

---

2 Você pode verificar as DCN instituídas pelo CNE em Brasil (2013c).

O cuidar e o educar apresentam-se como um dos eixos norteadores das diretrizes. Nelas, trata-se do binômio *cuidado e educação* como essência humana, caracterizando-se como elementos indissociáveis. Segundo o Parecer CNE/CEB n. 7/2010, "o processo educativo não comporta uma atitude parcial, fragmentada, recortada da ação humana, baseada somente numa racionalidade estratégico-procedimental" (Brasil, 2010a, p. 13), ou seja, no exercício da ação docente, é preciso estar atento ao cuidar como compromisso na formação das identidades e da cidadania dos sujeitos.

Sustentada nesse princípio, a educação tem como objetivo a troca de saberes historicamente construídos e acumulados, a socialização entre os sujeitos e o confronto entre os diferentes conhecimentos. Para tanto, o currículo, como norteador e mediador das finalidades educacionais, é definido pelo Parecer CNE/CEB n. 7/2010 como um "conjunto de valores e práticas que proporcionam a produção e a socialização de significados no espaço social e que contribuem, intensamente, para a construção de identidades sociais e culturais dos estudantes" (Brasil, 2010a, p. 22).

A abordagem didático-pedagógica do currículo orientada pelas DCN para a educação básica trata da interdisciplinaridade e da transversalidade[3]. Dessa forma, busca-se assegurar que os conhecimentos escolares sejam considerados de forma integrada, estabelecendo como conjunto de saberes uma rede de conhecimentos.

Essa rede de conhecimentos requer a participação de todos. Nesse sentido, as DCN para a educação básica pretendem preservar a identidade cultural de cada sujeito, tratando estudantes e comunidade educacional como locutores ativos nos processos de definição curricular.

Esse documento apresenta uma breve discussão acerca da base nacional comum e da parte diversificada do currículo e sua possibilidade de articulação entre as etapas e modalidades da educação básica. São diretrizes curriculares destinadas

---

3 Tais abordagens serão examinadas com mais detalhes no Capítulo 3.

exclusivamente a cada uma dessas etapas e modalidades, que contemplam as especificidades e necessidades da educação infantil, do ensino fundamental e do ensino médio ante as modalidades de ensino – educação de jovens e adultos, educação especial, educação profissional e tecnológica, educação básica do campo, educação escolar indígena, educação a distância e educação escolar quilombola –, articuladas às DCN para a educação básica (Brasil, 2010a).

Apresentadas as considerações iniciais do documento regente das diretrizes curriculares, vamos nos deter, na sequência, às diretrizes curriculares para o ensino fundamental e o ensino médio.

2.1.4.1 Diretrizes Curriculares Nacionais para o ensino fundamental de nove anos

As DCN para o ensino fundamental de nove anos – instituídas e fixadas pelo Parecer CNE/CEB n. 11, de 7 de julho de 2010 (Brasil, 2010b), e pela Resolução CNE/CEB n. 7, de 14 de dezembro de 2010 (Brasil, 2010d) – constituem-se em um documento normativo que os sistemas de ensino e as unidades escolares de ensino fundamental devem observar no momento de sua organização curricular.

Segundo as DCN para o ensino fundamental, essa etapa da educação básica consiste em direito público subjetivo de cada um e dever do Estado em ofertá-lo, sendo o direito à educação de qualidade a base que sustenta os princípios norteadores dessas diretrizes.

A qualidade atrelada à educação remete-se à necessidade de aprendizagens significativas e a um projeto de equidade que "alude à importância de tratar de forma diferenciada o que se apresenta como desigual no ponto de partida, com vistas a obter desenvolvimento e aprendizagens equiparáveis, assegurando a todos a igualdade de direito à educação" (Brasil, 2010d, p. 2).

De acordo com as DCN para o ensino fundamental, para que uma **educação de qualidade** se efetive, faz-se necessário seguir alguns princípios: éticos, políticos e estéticos.

> **Éticos:** de justiça, solidariedade, liberdade e autonomia; de respeito à dignidade da pessoa humana e de compromisso com a promoção do bem de todos, contribuindo para combater e eliminar quaisquer manifestações de preconceito e discriminação.
> **Políticos:** de reconhecimento dos direitos e deveres de cidadania, de respeito ao bem comum e à preservação do regime democrático e dos recursos ambientais; de busca da equidade no acesso à educação, à saúde, ao trabalho, aos bens culturais e outros benefícios; de exigência de diversidade de tratamento para assegurar a igualdade de direitos entre os alunos que apresentam diferentes necessidades; de redução da pobreza e das desigualdades sociais e regionais.
> **Estéticos:** de cultivo da sensibilidade juntamente com o da racionalidade; de enriquecimento das formas de expressão e do exercício da criatividade; de valorização das diferentes manifestações culturais, especialmente as da cultura brasileira; de construção de identidades plurais e solidárias. (Brasil, 2010b, p. 6, grifo nosso)

Fizemos questão de destacar o termo *educação de qualidade* porque ele é recorrente nos documentos até aqui apresentados. Percebemos, assim, que a qualidade é o motor gerencial das políticas educacionais.

O termo *qualidade*, utilizado para fazer referência a um projeto educacional, tem sido explorado na realidade brasileira associado, em geral, às formas de avaliação em larga escala; atrelado a isso, encontra-se o processo de culpabilização dos professores pelas mazelas educacionais.

Para Freitas (2014, p. 1088, grifo do original),

> É uma pedra angular destas proposições a implantação das avaliações externas à escola seguidas de processos de responsabilização, como forma de alavancar o aumento das médias de desempenho dos estudantes nas avaliações nacionais e nos exames internacionais. Paulatinamente, com ajuda pesada da mídia, a elevação de médias de desempenho dos estudantes passou a ser aceita como **referência do que consideramos hoje uma boa educação**

> (RAVITCH, 2010), sem que uma reflexão crítica sobre as formas de organização do trabalho pedagógico da sala de aula e da escola tenha força para retornar ao debate. Importa para este novo ciclo observar se ao longo do tempo as médias descem ou sobem e não se as formas de organização das práticas pedagógicas das escolas evoluem em direção a concepções avançadas de educação e de participação social da juventude. De fato, procura-se difundir que a questão da educação se resolve a partir de uma gestão eficaz **das mesmas formas vigentes de organização pedagógica**, associada a novas tecnologias educativas, responsabilização, meritocracia e privatização, motivando a consolidação de um neotecnicismo educacional.

Partindo desse pressuposto, podemos indagar: As DCN não acabam por reforçar essa lógica de gestão da escola sustentada pelos reformadores educacionais? De fato, acreditamos que, embora ela avance em certos aspectos, reitera a ideia de mercantilização do ensino.

> Os estudantes do ensino fundamental são oriundos de diferentes espaços sociais; assim, a escola é um lugar de diversidade sociocultural, onde residem as múltiplas infâncias e adolescências. Nesse sentido, as DCN para o ensino fundamental consideram que os estudantes são sujeitos históricos em pleno desenvolvimento, que apresentam interesses próprios, cercados de diferentes experiências sociais e culturais.
> Nos anos iniciais do Ensino Fundamental, a criança desenvolve a capacidade de representação, indispensável para a aprendizagem da leitura, dos conceitos matemáticos básicos e para a compreensão da realidade que a cerca, conhecimentos que se postulam para esse período da escolarização.
> O desenvolvimento da linguagem permite a ela reconstruir pela memória as suas ações e descrevê-las, bem como planejá-las, habilidades também necessárias às aprendizagens previstas para esse estágio. A aquisição da leitura e da escrita na escola, fortemente relacionada aos usos sociais da escrita nos ambientes familiares de onde vêm as crianças, pode demandar tempos e esforços diferenciados

> entre os alunos da mesma faixa etária. A criança nessa fase tem maior interação nos espaços públicos, entre os quais se destaca a escola. Esse é, pois, um período em que se deve intensificar a aprendizagem das normas da conduta social, com ênfase no desenvolvimento de habilidades que facilitem os processos de ensino e de aprendizagem. Mas é também durante a etapa da escolarização obrigatória que os alunos entram na puberdade e se tornam adolescentes. Eles passam por grandes transformações biológicas, psicológicas, sociais e emocionais. Os adolescentes, nesse período da vida, modificam as relações sociais e os laços afetivos, intensificando suas relações com os pares de idade e as aprendizagens referentes à sexualidade e às relações de gênero, acelerando o processo de ruptura com a infância na tentativa de construir valores próprios. Ampliam-se as suas possibilidades intelectuais, o que resulta na capacidade de realização de raciocínios mais abstratos. Os alunos se tornam crescentemente capazes de ver as coisas a partir do ponto de vista dos outros, superando, dessa maneira, o egocentrismo próprio da infância. Essa capacidade de **descentração** é importante na construção da autonomia e na aquisição de valores morais e éticos. (Brasil, 2010b, p. 9, grifo do original)

De acordo com as DCN para o ensino fundamental, a escola, como espaço de socialização do conhecimento e reelaboração cultural, deve conceber o currículo da seguinte forma:

> Art. 9º O currículo do Ensino Fundamental é entendido, nesta Resolução, como constituído pelas experiências escolares que se desdobram em torno do conhecimento, permeadas pelas relações sociais, buscando articular vivências e saberes dos alunos com os conhecimentos historicamente acumulados e contribuindo para construir as identidades dos estudantes.
> § 1º O foco nas experiências escolares significa que as orientações e as propostas curriculares que provêm das diversas instâncias só terão concretude por meio das ações educativas que envolvem os alunos.
> § 2º As experiências escolares abrangem todos os aspectos do ambiente escolar: aqueles que compõem a

> parte explícita do currículo, bem como os que também contribuem, de forma implícita, para a aquisição de conhecimentos socialmente relevantes. Valores, atitudes, sensibilidade e orientações de conduta são veiculados não só pelos conhecimentos, mas por meio de rotinas, rituais, normas de convívio social, festividades, pela distribuição do tempo e organização do espaço educativo, pelos materiais utilizados na aprendizagem e pelo recreio, enfim, pelas vivências proporcionadas pela escola.
>
> § 3º Os conhecimentos escolares são aqueles que as diferentes instâncias que produzem orientações sobre o currículo, as escolas e os professores selecionam e transformam a fim de que possam ser ensinados e aprendidos, ao mesmo tempo em que servem de elementos para a formação ética, estética e política do aluno. (Brasil, 2010d, p. 3)

Com base nesses princípios, o currículo será organizado tendo em vista uma base nacional comum e uma parte diversificada. Estas, por sua vez, devem ser geridas de maneira integrada e prever uma formação ampla e articulada com a realidade local, isto é, com as especificidades culturais e sociais de cada comunidade educacional. Nesse sentido, a base nacional é unitária, ou seja, todos os sistemas de ensino terão a mesma formação comum enriquecida, paulatinamente, pela parte diversificada.

A gênese dos saberes que compõem a base nacional comum e a parte diversificada reside nas disciplinas científicas, nas linguagens, no mundo do trabalho, na cultura, na tecnologia, na produção artística, nas atividades desportivas e corporais, no campo da saúde etc.

A BNCC abrange, obrigatoriamente, os seguintes componentes curriculares: Língua Portuguesa, Arte, Educação Física, Língua Inglesa, Matemática, Ciências, História, Geografia e Ensino Religioso (Brasil, 2018a).

As DCN para o ensino fundamental estabelecem que o ensino deve ser ministrado em língua portuguesa, salvo no caso das comunidades indígenas, que se respaldam na necessidade de preservação da língua materna.

Na História do Brasil, é fundamental considerar as diferentes culturas e etnias que influenciaram a construção de nossa identidade cultural. Nesse sentido, as DCN para o ensino fundamental determinam a sistematização da cultura afro-brasileira e dos povos indígenas como conteúdo obrigatório.

A Música também é rememorada nas DCN para o ensino fundamental na qualidade de conteúdo obrigatório, mas não exclusivo, no ensino da Arte.

Com relação ao ensino da Educação Física, as DCN para o ensino fundamental reiteram seu caráter obrigatório e integrado à proposta curricular das instituições educativas.

Ao tratarem do Ensino Religioso, as referidas diretrizes retomam as questões previstas na CF e na LDBEN: é obrigatória a oferta, mas a matrícula é facultativa. Além disso, esse componente curricular tem como papel a valorização e o respeito à diversidade cultural e religiosa brasileira.

Alguns temas são mencionados nas DCN para o ensino fundamental como matéria de ensino e devem perpassar os currículos escolares, como: saúde, sexualidade, gênero, vida familiar e social, meio ambiente, direitos das crianças, dos adolescentes e dos idosos, educação fiscal e educação para o consumo. Essas temáticas devem percorrer tanto a base nacional comum quanto a parte diversificada.

As DCN para o ensino fundamental enfocam uma perspectiva de currículo que reconheça os sujeitos da aprendizagem como protagonistas, uma vez que são ativos nesse processo e ressignificam conhecimentos apropriados, elaborando novos conhecimentos, ou seja, recriando a cultura.

Na perspectiva de construção de um currículo pautado nesses princípios, percebemos a necessidade de valorização do lúdico nos ambientes institucionais, sendo fundamental o resgate do prazer na aprendizagem, o qual está ligado a uma experiência estética, de descoberta.

A gestão democrática e a participação dos diversos sujeitos que compõem a comunidade escolar aparecem como elementos fundamentais nas referidas diretrizes. Desse modo, cabe sinalizar a necessidade da construção de um projeto político-pedagógico (PPP) e de um regimento escolar que inclua processos participativos e democráticos.

Entendemos, dessa forma, que o PPP "traduz a proposta educativa construída pela comunidade escolar no exercício de sua autonomia, com base nas características dos alunos, nos profissionais e recursos disponíveis, tendo como referência as orientações curriculares nacionais e dos respectivos sistemas de ensino" (Brasil, 2010d, p. 6).

As diretrizes propõem, ainda, a integração entre os diferentes saberes, tendo em vista a superação da histórica fragmentação dos componentes curriculares. Além disso, problematizam a necessidade de valorizar as experiências dos estudantes, o uso das tecnologias e as diferentes mídias no fazer pedagógico, enriquecendo as possibilidades de desenvolvimento pleno do estudante e de aprendizagens mais significativas (Brasil, 2010d).

Sobre a avaliação, as diretrizes consideram que ela é parte integrante de toda prática educativa voltada à aprendizagem dos estudantes, cujos aspectos qualitativos se sobressaem ante os quantitativos. Assim, nas DCN para o ensino fundamental, a avaliação é concebida com base em algumas características, a saber (Brasil, 2010d):

- processual, formativa e participativa;
- contínua, cumulativa e diagnóstica.

Convém ressaltar que a avaliação tem como ofício problematizar a prática pedagógica, possibilitando o redimensionamento constante dos planejamentos dos professores, dos currículos escolares e dos PPPs.

2.1.4.2 Diretrizes Curriculares Nacionais para o ensino médio

As DCN para o ensino médio – instituídas e fixadas pelo Parecer CNE/CEB n. 5, de 4 de maio de 2011 (Brasil, 2012a), e pela Resolução CNE/CEB n. 2, de 30 de janeiro de 2012 (Brasil, 2012b) – constituem-se em um documento normativo que os sistemas de ensino e as unidades escolares de ensino médio devem considerar em seus currículos.

As bases referenciais que compõem esse documento são, de certa forma, similares e complementares às propostas que compõem as DCN para o ensino fundamental. As DCN para o ensino médio, além de nortearem a estrutura e o funcionamento dos sistemas de ensino e das instituições de ensino médio, oferecem aos professores elementos para a elaboração, a organização e o desenvolvimento do currículo e da prática pedagógica e para a promoção do ensino e da aprendizagem de qualidade.

O currículo para o ensino médio deve assegurar a formação integral aos estudantes de maneira articulada ao mundo do trabalho, bem como ser flexível e valorizar o interesse desse grupo social. O Parecer CNE/CEB n. 5/2011 destaca que "o mundo do trabalho parece estar mais presente na vida desses sujeitos do que a escola" (Brasil, 2012a, p. 13), pois, em algumas situações, a juventude não encontra sentido nesta.

Nesse cenário, o art. 13 da Resolução CNE/CEB n. 2/2012 propõe que a unicidade entre tecnologia, trabalho e cultura seja o caminho na concretização de um currículo para o ensino médio.

> Art. 13. As unidades escolares devem orientar a definição de toda proposição curricular, fundamentada na seleção dos conhecimentos, componentes, metodologias, tempos, espaços, arranjos alternativos e formas de avaliação, tendo presente:
> I – as dimensões do trabalho, da ciência, da tecnologia e da cultura como eixo integrador entre os conhecimentos de distintas naturezas, contextualizando-os em sua dimensão histórica e em relação ao contexto social contemporâneo;
> II – o trabalho como princípio educativo, para a compreensão do processo histórico de produção científica e tecnológica, desenvolvida e apropriada socialmente para a transformação das condições naturais da vida e a ampliação das capacidades, das potencialidades e dos sentidos humanos;
> III – a pesquisa como princípio pedagógico, possibilitando que o estudante possa ser protagonista na investigação e na busca de respostas em um processo autônomo de (re)construção de conhecimentos;
> IV – os direitos humanos como princípio norteador, desenvolvendo-se sua educação de forma integrada, permeando todo o currículo, para promover o respeito a esses direitos e à convivência humana;
> V – a sustentabilidade socioambiental como meta universal, desenvolvida como prática educativa integrada, contínua e permanente, e baseada na compreensão do necessário equilíbrio e respeito nas relações do ser humano com seu ambiente. (Brasil, 2012b, p. 4-5)

Destacamos aqui que a dimensão do trabalho, da ciência e da tecnologia assume, nas diretrizes para o ensino médio, papel central. Porém,

> Nomear trabalho, cultura, ciência e tecnologia como centro das propostas curriculares para o ensino médio exige mais do que a busca pelos significados de cada um dos elementos que o compõe, e ultrapassa o sentido de justificá-los ou legitimá-los no discurso sobre o currículo. Sinalizamos para o necessário desafio de se buscar, juntamente com os sujeitos jovens e adultos aos quais essas proposições se destinam, os significantes desses conceitos como forma de desvelá-los e explorá-los na história, nas relações de poder e nos interesses que circundam as relações sociais entre o trabalho, a ciência, a tecnologia na contemporaneidade. O texto normativo é expressão de uma prática social, o que torna igualmente relevante a compreensão das relações sociais que tensionam suas proposições, com vistas a superar sua limitação instrumental. (Silva; Colontonio, 2014, p. 626)

Ao remeter-se ao PPP como espaço de participação democrática, de veiculação do pluralismo de ideias e concepções, como lugar de encontro e diálogo, em que professores e estudantes, em suas dimensões coletivas e individuais, são considerados protagonistas ativos, o art. 16 da Resolução CNE/CEB n. 2/2012 define que esse documento deve considerar:

> Art. 16. [...]
> I – atividades integradoras artístico-culturais, tecnológicas e de iniciação científica, vinculadas ao trabalho, ao meio ambiente e à prática social;
> II – problematização como instrumento de incentivo à pesquisa, à curiosidade pelo inusitado e ao desenvolvimento do espírito inventivo;
> III – a aprendizagem como processo de apropriação significativa dos conhecimentos, superando a aprendizagem limitada à memorização;
> IV – valorização da leitura e da produção escrita em todos os campos do saber;

V – comportamento ético, como ponto de partida para o reconhecimento dos direitos humanos e da cidadania, e para a prática de um humanismo contemporâneo expresso pelo reconhecimento, respeito e acolhimento da identidade do outro e pela incorporação da solidariedade;
VI – articulação entre teoria e prática, vinculando o trabalho intelectual às atividades práticas ou experimentais;
VII – integração com o mundo do trabalho por meio de estágios de estudantes do Ensino Médio, conforme legislação específica;
VIII – utilização de diferentes mídias como processo de dinamização dos ambientes de aprendizagem e construção de novos saberes;
IX – capacidade de aprender permanente, desenvolvendo a autonomia dos estudantes;
X – atividades sociais que estimulem o convívio humano;
XI – avaliação da aprendizagem, com diagnóstico preliminar, e entendida como processo de caráter formativo, permanente e cumulativo;
XII – acompanhamento da vida escolar dos estudantes, promovendo o seguimento do desempenho, análise de resultados e comunicação com a família;
XIII – atividades complementares e de superação das dificuldades de aprendizagem para que o estudante tenha sucesso em seus estudos;
XIV – reconhecimento e atendimento da diversidade e diferentes nuances da desigualdade e da exclusão na sociedade brasileira;
XV – valorização e promoção dos direitos humanos mediante temas relativos a gênero, identidade de gênero, raça e etnia, religião, orientação sexual, pessoas com deficiência, entre outros, bem como práticas que contribuam para a igualdade e para o enfrentamento de todas as formas de preconceito, discriminação e violência sob todas as formas;
XVI – análise e reflexão crítica da realidade brasileira, de sua organização social e produtiva na relação de complementaridade entre espaços urbanos e do campo;
XVII – estudo e desenvolvimento de atividades socioambientais, conduzindo a Educação Ambiental como uma prática educativa integrada, contínua e permanente;

> XVIII – práticas desportivas e de expressão corporal, que contribuam para a saúde, a sociabilidade e a cooperação;
> XIX – atividades intersetoriais, entre outras, de promoção da saúde física e mental, saúde sexual e saúde reprodutiva, e prevenção do uso de drogas;
> XX – produção de mídias nas escolas a partir da promoção de atividades que favoreçam as habilidades de leitura e análise do papel cultural, político e econômico dos meios de comunicação na sociedade;
> XXI – participação social e protagonismo dos estudantes, como agentes de transformação de suas unidades de ensino e de suas comunidades;
> XXII – condições materiais, funcionais e didático-pedagógicas, para que os profissionais da escola efetivem as proposições do projeto. (Brasil, 2012b, p. 6-7)

Já o currículo do ensino médio deve ser composto por: linguagens e suas tecnologias; matemática e suas tecnologias; ciências da natureza e suas tecnologias; ciências humanas e sociais aplicadas; formação técnica e profissional, sendo todas essas áreas articuladas aos itinerários formativos (Brasil, 2018a).

Com base nesses pressupostos, princípios e forma de organização curricular, as DCN para o ensino médio indicam que a finalidade da educação é o pleno desenvolvimento do educando e a formação para a cidadania e a qualificação para o trabalho.

É preciso destacar que as DCN para o ensino médio ainda discorrem sobre outros elementos que fundamentam a organização curricular do ensino médio. Contudo, como outrora mencionamos, as propostas apresentam-se de forma semelhante à do ensino fundamental no que se refere à gestão democrática, à avaliação e ao PPP.

Isso desvela que existe uma preocupação no âmbito das políticas de que as etapas de ensino estejam articuladas, que assumam o papel de complementaridade e aprofundamento do conhecimento e que os sujeitos da aprendizagem compreendam que o ensino não se dá de forma fragmentada, mas compõe um todo articulado.

2.1.4.3 Base Nacional Comum Curricular

A Base Nacional Comum Curricular (BNCC)[4] constitui-se em um documento normativo que estabelece o conjunto de aprendizagens essenciais de que todos os estudantes têm direito de se apropriar ao longo das etapas educacionais que compõem a educação básica brasileira (educação infantil, ensino fundamental e ensino médio) (Brasil, 2017).

Também se configura como uma política educacional estruturante, pois objetiva contribuir para o desenvolvimento de ações relacionadas à formação continuada de professores, à revisão dos PPPs das instituições escolares, à elaboração de materiais didáticos e à definição de processos de avaliação de aprendizagem e conteúdos educacionais. Essas ações, que promovem a implementação da BNCC, precisam ser desenvolvidas em regime de colaboração interfederativa (Brasil, 2018e, 2020).

A intenção de elaborar uma base nacional curricular já estava prevista na CF (Brasil, 1988) e na LDBEN de 1996 (Brasil, 1996), e o PNE, por meio da Meta 7, Estratégia 7.1, impulsionou o processo, assegurando:

> 7.1) estabelecer e implantar, mediante pactuação interfederativa, diretrizes pedagógicas para a educação básica e a base nacional comum dos currículos, com direitos e objetivos de aprendizagem e desenvolvimento dos(as) alunos(as) para cada ano do ensino fundamental e médio, respeitada a diversidade regional estadual e local; [...]. (Brasil, 2014a)

A trajetória de elaboração da BNCC iniciou em 2014, logo após a homologação do PNE (Brasil, 2014a), e foi consolidada pela Conferência Nacional de Educação (Conae), também em 2014. O caminho percorrido até a promulgação do documento final foi concluído em 2018 e perpassou dois ciclos de

---

4 Inicialmente, a BNCC, instituída pela Resolução CNE/CP n. 2, de 22 de dezembro de 2017 (Brasil, 2017), tratou da educação infantil e do ensino fundamental. Posteriormente, a Resolução CNE/CP nº 4/2018, de 17 de dezembro de 2018 (Brasil, 2018d), instituiu a base para o ensino médio. Assim, a BNCC tornou-se completa, contemplando todas as etapas educacionais da educação básica.

governo federal, primeiramente o de Dilma Rousseff e, após seu *impeachment*, o de seu sucessor, Michel Temer, o que também alterou os percursos até então estabelecidos no processo de elaboração do documento. Além da troca de presidentes da República, a construção da BNCC foi caracterizada por mudanças de ministro da Educação e de coordenadores e técnicos de cargos estratégicos do MEC, assim como por mudanças em projetos societários e educacionais. Dessa forma, "a trajetória da BNCC é marcada por intensos debates, resistências, tensões e disputas ideológicas, teóricas e políticas, mobilizando distintos atores estatais e não estatais" (Alves; Oliveira, 2022, p. 6).

A Base foi elaborada por comissões de especialistas e dos setores do MEC, bem como de agentes privados. Foram apresentadas, oficialmente, três versões preliminares do documento e a versão final homologada, as quais estão disponíveis no *site* do MEC[5].

As três versões preliminares foram submetidas a consultas e audiências públicas, porém é preciso destacar que na primeira versão houve maior participação coletiva, de representantes de universidades, associações científicas e órgãos da sociedade civil organizada. Já na terceira versão houve maior presença dos agentes empresariais, quando também se instituiu o conceito de **competência** como princípio pedagógico orientador dos currículos, sendo esta definida como "a mobilização de conhecimentos (conceitos e procedimentos), habilidades (práticas, cognitivas e socioemocionais), atitudes e valores para resolver demandas complexas da vida cotidiana, do pleno exercício da cidadania e do mundo do trabalho" (Brasil, 2018a, p. 8).

Estudos desenvolvidos por Alves e Oliveira (2022) e Bento (2020) indicam que o conceito de competência apresentado pela BNCC está alinhado à concepção de avaliação proposta por organismos internacionais[6] e aos princípios neoliberais.

---

5 Disponível em: <http://basenacionalcomum.mec.gov.br/.>. Acesso em: 12 jan. 2024.

6 Organização para a Cooperação e Desenvolvimento Econômico (OCDE), que coordena o Programa Internacional de Avaliação de Alunos (Pisa), e Organização das Nações Unidas para a Educação, a Ciência e a Cultura (Unesco), que instituiu o Laboratório Latino-Americano de Avaliação da Qualidade da Educação para a América Latina (LLECE).

Vale notar que, antes mesmo de sua promulgação, alguns autores, como Freitas (2014), já alertavam para a influência empresarial, bem como para os princípios neoliberais impostos ao processo de elaboração da BNCC. Segundo o autor, além de padronizar o currículo, fazendo com que as escolas diminuam a autonomia na definição de seus próprios documentos, a BNCC poderia promover uma formação voltada aos interesses e às necessidades da sociedade capitalista (Freitas, 2014).

É necessário, ainda, enfatizar que há diferenças e divergências entre as versões preliminares e a final no que diz respeito a aspectos centrais, o que evidencia as tensões do processo de construção (Costa-Hübes; Kraemer, 2019). No entanto, todas as versões objetivam estabelecer as aprendizagens essenciais a todos os estudantes no decorrer da educação básica, motivadas pelas exigências postas pelos marcos legais, pela necessidade da construção de uma educação de qualidade e pelo compromisso de assegurar a "formação humana integral" e a "construção de uma sociedade justa, democrática e inclusiva" (Brasil, 2018a, p. 7).

Embora existam críticas a respeito do documento, como já afirmamos, ele é normativo e precisa ser considerado na elaboração dos currículos dos sistemas e redes de ensino estaduais e municipais, observando-se suas particularidades.

Para uma melhor compreensão da BNCC, apresentamos, na sequência, a organização curricular de cada etapa educacional.

Educação infantil

A BNCC estabelece que a organização curricular da educação infantil está estruturada em campos de experiências, os quais "constituem um arranjo curricular que acolhe as situações e as experiências concretas da vida cotidiana das crianças e seus saberes, entrelaçando-os aos conhecimento que fazem parte do patrimônio cultural" (Brasil, 2018a, p. 40).

Essa estrutura – que tem como intenção acolher e considerar as necessidades e especificidades de bebês (0 a 1 ano e 6 meses), crianças bem pequenas (1 ano e 7 meses a 3 anos e 11 meses) e crianças pequenas[7] (4 anos a 5 anos e 11 meses) (Brasil, 2017) – está fundamentada na escola da infância italiana, no documento *Indicações nacionais para o currículo da escola da infância e do primeiro ciclo de instrução*, do Ministério da Instrução, da Universidade e da Pesquisa da Itália, de setembro de 2012, e no item "Campos de experiência", do documento *Novas orientações para uma nova escola da infância*, de 1991 (Finco; Barbosa; Faria, 2015).

Os cinco campos de experiências propostos pela BNCC, apresentados na Figura 2.1, devem ser desenvolvidos de forma inter-relacionada, por meio dos eixos norteadores das práticas educativas: interações e brincadeira.

Figura 2.1 – Campos de experiências

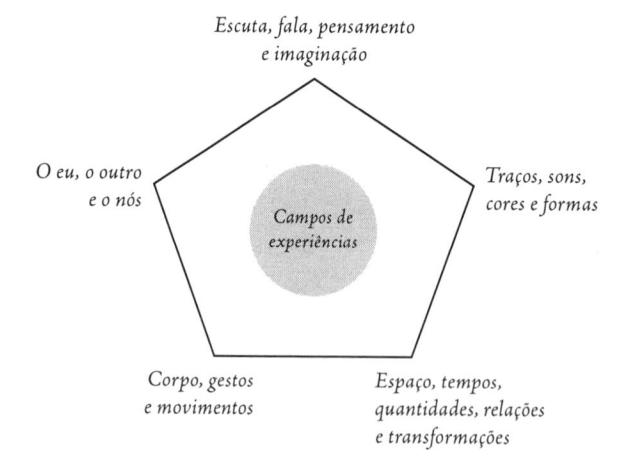

Escuta, fala, pensamento e imaginação

O eu, o outro e o nós

Campos de experiências

Traços, sons, cores e formas

Corpo, gestos e movimentos

Espaço, tempos, quantidades, relações e transformações

Fonte: Brasil, 2018c, p. 17.

A organização por campos de experiências, na qualidade de arranjo curricular, conforme é possível visualizar na Figura 2.1, tem como objetivo superar a fragmentação do currículo em áreas de conhecimento. Assim, no currículo, consolidado por

---

7 As nomenclaturas *bebês, crianças bem pequenas* e *crianças pequenas* são apresentadas pela BNCC para evidenciar as especificidades existentes em cada um desses grupos etários.

meio das práticas educativas, pressupõe-se que, na organização e no planejamento deste, esses campos devam estar integrados, e não organizados por disciplinas.

A BNCC apresenta objetivos de aprendizagem para cada um dos campos de experiências organizados por grupos etários – bebês, crianças bem pequenas e crianças pequenas –, bem como define os direitos de aprendizagem que precisam ser assegurados a todas as crianças que frequentam a educação infantil, os quais estão descritos a seguir.

Direitos de aprendizagem segundo a BNCC

- **Conviver** com outras crianças e adultos, em pequenos e grandes grupos, utilizando diferentes linguagens, ampliando o conhecimento de si e do outro, o repeito em relação à cultura e às diferenças entre as pessoas.

- **Brincar** cotidianamente de diversas formas, em diferentes espaços e tempos, com diferentes parceiros (crianças e adultos), ampliando e diversificando seu acesso a produções culturais, seus conhecimentos, sua imaginaçã, sua criatividade, suas experiências emocionais, corporais, sensoriais, expressivas, cognitivas, sociais e relacionais.

- **Participar** ativamente, com adultos e outras crianças, tanto do planejamento da gestão da escola e das atividades propostas pelo educador quanto da realização das atividades da vida cotidiana, tais como a escolha das brincadeiras, dos materiais e dos ambientes, desenvolvendo diferentes linguagens e elaborando conhecimentos, decidindo e se posicionando.

- **Explorar** movimentos, gestos, sons, forma, texturas, cores, palavras, emoções, transformaçõe, relacionamentos, histórias, objetos, elementos da natureza, na escola e fora dela, ampliando seus saberes sobre a cultura, em suas diversas modalidades: as artes, a escrita, a ciência e a tecnologia.

- **Expressar,** como sujeito dialógico, criativo e sensível, suas necessidades, emoções, sentimentos, dúvidas, hipóteses, descobertas, opiniões, questionamentos, por meio de diferentes linguagens.
- **Conhecer-se** e construir sua identidade pessoal, social e cultural, constituindo uma imagem positiva de si e de seus grupos de pertencimento, nas diversas experiências de cuidados, interações, brincadeiras e linguagens vivenciadas na instituição escolar e em seu contexto familiar e comunitário.

Fonte: Brasil, 2018a, p. 38.

Para Fochi (2020, p. 64-65),

> Esses direitos expressam os diferentes modos como as crianças aprendem, ou seja, convivendo, brincando, participando, explorando, expressando e se conhecendo. Tais verbos provocam o adulto a pensar e a estruturar o trabalho educativo a partir de uma concepção de criança que age, cria, produz cultura. Muito diferente da imagem de criança que é receptora, passiva e expectadora do adulto, tão comum nas pedagogias diretivas e que tampouco está ligada a pedagogias não diretivas, que pressupõem que tudo o que a criança precisa aprender já está dentro dela, bastando apenas aguardar o momento certo.

Desse modo, a centralidade conferida aos direitos de aprendizagem na educação infantil tem como intuito garantir que as crianças acessem a pluralidade cultural por meio das relações.

Ensino fundamental

O ensino fundamental é a etapa mais longa da educação básica, por isso a BNCC objetiva superar as rupturas existentes entre essa etapa e as demais, assim como motivar a continuidade dos estudos daqueles que a concluem.

Para isso, considera que a organização curricular deve se pautar nos interesses e nas expectativas manifestos pelas crianças (anos iniciais do ensino fundamental) e pelos adolescentes (anos finais do ensino fundamental) e nas especificidades dessas etapas da vida humana. Tendo isso em vista, as práticas pedagógicas devem ampliar os conhecimentos dos estudantes, por meio do fortalecimento da autonomia, das reflexões e análises críticas e aprofundadas, bem como da cultura digital.

A BNCC define que a ação pedagógica deve priorizar a alfabetização nos dois primeiros anos dessa etapa educacional, desenvolvendo a apropriação do sistema de escrita alfabético, articulado aos conhecimentos das demais áreas e componentes curriculares.

O ensino fundamental está estruturado em áreas do conhecimento e nos respectivos componentes curriculares, sendo apresentadas competências específicas para cada uma dessas áreas e cada um desses componentes. Também são estabelecidas as unidades temáticas, os objetos do conhecimento e as habilidades para cada um dos componentes curriculares.

Para uma melhor compreensão das finalidades de cada área do conhecimento, apresentamos o Quadro 2.1, a seguir.

Quadro 2.1 – Finalidades das áreas do conhecimento

Área do conhecimento	Componentes curriculares	Finalidades
Linguagens	Língua Portuguesa Arte Educação Física Língua Inglesa	"possibilitar aos estudantes participar de práticas de linguagem diversificadas, que lhes permitam ampliar suas capacidades expressivas em manifestações artísticas, corporais e linguísticas, como também seus conhecimentos sobre essas linguagens [...]" (Brasil, 2018a, p. 63).

(continua)

(Quadro 2.1 – conclusão)

Área do conhecimento	Componentes curriculares	Finalidades
Matemática	Matemática	desenvolver "a capacidade de identificar oportunidades de utilização da matemática para resolver problemas, aplicando conceitos, procedimentos e resultados para obter soluções e interpretá-las segundo os contextos das situações" (Brasil, 2018a, p. 265).
Ciências da Natureza	Ciências	desenvolver o "letramento científico, que envolve a capacidade de compreender e interpretar o mundo (natural, social e tecnológico), mas também de transformá-lo com base nos aportes teóricos e processuais das ciências (Brasil, 2018a, p. 321).
Ciências Humanas	Geografia História	"favorecer a compreensão, pelos alunos, dos tempos sociais e da natureza e de suas relações com os espaços. A exploração das noções de espaço e tempo [...]" (Brasil, 2018a, p. 353).
Ensino Religioso	Ensino Religioso	visa "o acolhimento das identidades culturais, religiosas ou não, na perspectiva da interculturalidade, direitos humanos e cultura da paz" (Brasil, 2018a, p. 437).

Fonte: Elaborado com base em Brasil, 2018a.

Ao considerar as finalidades apresentadas no Quadro 2.1, a BNCC propõe que o conhecimento mobilizado pelas diferentes áreas nos primeiros anos do ensino fundamental deve ter como intuito a consolidação dos conhecimentos anteriores e a ampliação das experiências estéticas e de linguagem. Já nos anos finais do ensino fundamental, o conhecimento mobilizado deve ter a intenção de retomar e ressignificar os saberes das primeiras etapas do ensino fundamental, além de aprofundar e ampliar os demais saberes (Brasil, 2018a).

Ensino médio

A BNCC enfatiza os desafios em relação ao ensino médio no que diz respeito à universalização do ingresso nessa etapa educacional, bem como à garantia do acesso dos estudantes às aprendizagens essenciais e da permanência na escola.

Para tanto, destaca a necessidade de reconhecer e acolher os jovens, principal público dessa etapa, concebendo-os em sua singularidade, a partir de uma noção ampliada e plural, diversa e dinâmica, que os coloque como protagonistas de seu próprio processo de escolarização (Brasil, 2018a).

> Considerar que há muitas juventudes implica organizar uma **escola que acolha as diversidades**, promovendo, de modo intencional e permanente, o respeito à pessoa humana e aos seus direitos. E mais, que garanta aos estudantes ser **protagonistas** de seu próprio processo de escolarização, reconhecendo-os como interlocutores legítimos sobre currículo, ensino e aprendizagem. Significa, nesse sentido, assegurar-lhes uma formação que, em sintonia com seus percursos e histórias, permita-lhes definir seu **projeto de vida**, tanto no que diz respeito ao estudo e ao trabalho como também no que concerne às escolhas de estilos de vida saudáveis, sustentáveis e éticos. (Brasil, 2018a, p. 463, grifo do original)

Dessa forma, a "escola que acolhe as juventudes"[8] (Brasil, 2018a, p. 464) está comprometida com a educação integral e a construção de projetos de vida para os estudantes. Assim, precisa assegurar o que, há anos, está estabelecido no art. 35 da LDBEN de 1996:

> Art. 35. [...]
> I – a consolidação e o aprofundamento dos conhecimentos adquiridos no ensino fundamental, possibilitando o prosseguimento de estudos;
> II – a preparação básica para o trabalho e a cidadania do educando, para continuar aprendendo, de modo a ser capaz de se adaptar com flexibilidade a novas condições de ocupação ou aperfeiçoamento posteriores;
> III – o aprimoramento do educando como pessoa humana, incluindo a formação ética e o desenvolvimento da autonomia intelectual e do pensamento crítico;
> IV – a compreensão dos fundamentos científico-tecnológicos dos processos produtivos, relacionando a teoria com a prática, no ensino de cada disciplina. (Brasil, 1996)

Para atender a essas demandas, propõe-se uma organização curricular flexível, constituída por uma Base Nacional Comum Curricular e por itinerários formativos. Nesse sentido, os currículos devem ser orientados para abranger uma formação geral básica e itinerários formativos[9]. O primeiro elemento é assim descrito:

> na **formação geral básica**, os currículos e as propostas pedagógicas devem garantir as aprendizagens essenciais definidas na BNCC. Conforme as DCNEM/2018, devem

---

8 A expressão "escola que acolhe as juventudes" é empregada pela BNCC para se referir à organização didático-curricular para o ensino médio.

9 "No Brasil, a expressão 'itinerário formativo' tem sido tradicionalmente utilizada no âmbito da educação profissional, em referência à maneira como se organizam os sistemas de formação profissional ou, ainda, às formas de acesso às profissões. No entanto, na Lei nº 13.415/17, a expressão foi utilizada em referência a itinerários formativos acadêmicos, o que supõe o aprofundamento em uma ou mais áreas curriculares, e também, a itinerários da formação técnica profissional" (Brasil, 2018a, p. 468).

> contemplar, sem prejuízo da integração e articulação das diferentes áreas do conhecimento, estudos e práticas de:
> I – língua portuguesa, assegurada às comunidades indígenas, também, a utilização das respectivas línguas maternas;
> II – matemática;
> III – conhecimento do mundo físico e natural e da realidade social e política, especialmente do Brasil;
> IV – arte, especialmente em suas expressões regionais, desenvolvendo as linguagens das artes visuais, da dança, da música e do teatro;
> V – educação física, com prática facultativa ao estudante nos casos previstos em Lei;
> VI – história do Brasil e do mundo, levando em conta as contribuições das diferentes culturas e etnias para a formação do povo brasileiro, especialmente das matrizes indígena, africana e europeia;
> VII – história e cultura afro-brasileira e indígena, em especial nos estudos de arte e de literatura e história brasileiras;
> VIII – sociologia e filosofia;
> IX – língua inglesa, podendo ser oferecidas outras línguas estrangeiras, em caráter optativo, preferencialmente o espanhol, de acordo com a disponibilidade da instituição ou rede de ensino (Resolução CNE/CEB nº 3/2018, Art. 11, § 4º). (Brasil, 2018a, p. 476, grifo do original)

Já no que tange aos **itinerários formativos**, o documento propõe que eles "podem ser estruturados com foco em uma área do conhecimento, na formação técnica e profissional ou, também, na mobilização de competências e habilidades de diferentes áreas, compondo **itinerários integrados**" (Brasil, 2018a, p. 477, grifo do original), nos termos apresentados no Quadro 2.2, a seguir.

Quadro 2.2 – Itinerários formativos para o ensino médio – BNCC

Linguagens e suas tecnologias	"aprofundamento de conhecimentos estruturantes para aplicação de diferentes linguagens em contextos sociais e de trabalho, estruturando arranjos curriculares que permitam estudos em línguas vernáculas, estrangeiras, clássicas e indígenas, Língua Brasileira de Sinais (LIBRAS), das artes, design, linguagens digitais, corporeidade, artes cênicas, roteiros, produções literárias, dentre outros, considerando o contexto local e as possibilidades de oferta pelos sistemas de ensino" (Brasil, 2018a, p. 477).
Matemática e suas tecnologias	"aprofundamento de conhecimentos estruturantes para aplicação de diferentes conceitos matemáticos em contextos sociais e de trabalho, estruturando arranjos curriculares que permitam estudos em resolução de problemas e análises complexas, funcionais e não lineares, análise de dados estatísticos e probabilidade, geometria e topologia, robótica, automação, inteligência artificial, programação, jogos digitais, sistemas dinâmicos, dentre outros, considerando o contexto local e as possibilidades de oferta pelos sistemas de ensino" (Brasil, 2018a, p. 477).
Ciências da natureza e suas tecnologias	"aprofundamento de conhecimentos estruturantes para aplicação de diferentes conceitos em contextos sociais e de trabalho, organizando arranjos curriculares que permitam estudos em astronomia, metrologia, física geral, clássica, molecular, quântica e mecânica, instrumentação, ótica, acústica, química dos produtos naturais, análise de fenômenos físicos e químicos, meteorologia e climatologia, microbiologia, imunologia e parasitologia, ecologia, nutrição, zoologia, dentre outros, considerando o contexto local e as possibilidades de oferta pelos sistemas de ensino" (Brasil, 2018a, p. 477).
Ciências humanas e sociais aplicadas	"aprofundamento de conhecimentos estruturantes para aplicação de diferentes conceitos em contextos sociais e de trabalho, estruturando arranjos curriculares que permitam estudos em relações sociais, modelos econômicos, processos políticos, pluralidade cultural, historicidade do universo, do homem e natureza, dentre outros, considerando o contexto local e as possibilidades de oferta pelos sistemas de ensino" (Brasil, 2018a, p. 477-478).

(continua)

(Quadro 2.2 – conclusão)

Formação técnica e profissional	"desenvolvimento de programas educacionais inovadores e atualizados que promovam efetivamente a qualificação profissional dos estudantes para o mundo do trabalho, objetivando sua habilitação profissional tanto para o desenvolvimento de vida e carreira quanto para adaptar-se às novas condições ocupacionais e às exigências do mundo do trabalho contemporâneo e suas contínuas transformações, em condições de competitividade, produtividade e inovação, considerando o contexto local e as possibilidades de oferta pelos sistemas de ensino (Resolução CNE/CEB nº 3/2018, Art. 12)" (Brasil, 2018a, p. 478).

Fonte: Elaborado com base em Brasil, 2018a.

Se outrora mencionamos que diferentes entidades e pesquisadores postularam intensas críticas à BNCC, no que concerne ao documento para o ensino médio, essas críticas se acentuam, uma vez que o documento propõe um currículo organizado em duas partes.

Ainda que possa parecer inovadora a proposição de uma formação organizada por uma matriz curricular básica e por uma matriz específica, voltada aos interesses de cada estudante, "a principal crítica a essa formulação diz respeito ao enfraquecimento do sentido do ensino médio como 'educação básica', consagrado na LDB de 1996 e que pressuporia uma formação comum" (Silva, 2018, p. 4).

Ademais, Monica Ribeiro da Silva, em entrevista à Tartaglia e Silva (2019), ressalta que cada estudante poderá optar por apenas um dos itinerários, mas que caberá ao sistema de ensino decidir qual itinerário será ofertado, isto é, não será obrigatória a oferta dos cinco itinerários. Como consequência, isso poderá retirar do estudante possibilidades de escolha e participação.

As polêmicas, os questionamentos e as reivindicações realizadas por professores e estudantes contra esse modelo curricular motivaram o MEC, por meio da Portaria n. 627, de 4 de abril de 2023, a suspender a implementação deste até que uma consulta pública seja instaurada e concluída. Assim, é possível afirmar que a BNCC para o ensino médio está distante de ser efetivada e que o assunto ainda suscitará discussões e desdobramentos.

2.2 Outras orientações oficiais para o currículo

Conforme observamos anteriormente, existem leis e documentos normativos que regulam o currículo escolar e, para divulgá-los e subsidiar os sistemas, redes ou instituições de ensino na execução e na incorporação das exigências e orientações desses documentos, o MEC elabora e publica documentos oficiais[10], os quais não têm função normativa, mas orientadora.

Em 1998, o MEC elaborou e publicou documentos destinados à educação infantil, ao ensino fundamental, à educação de jovens e adultos e à educação indígena. São eles: Referencial Curricular Nacional para a Educação Infantil, Parâmetros Curriculares Nacionais de 1ª a 4ª séries e de 5ª a 8ª séries, Proposta Curricular para a Educação de Jovens e Adultos e Referencial Curricular para as Escolas Indígenas.

Embora o MEC tenha apresentado esses documentos como não sendo obrigatórios, mas como referenciais para a elaboração de currículos próprios, muitos sistemas, redes ou instituições de ensino os adotaram como o único currículo. Isso ocorreu pelo fato de os documentos contarem com uma estrutura bem definida (objetivos, conteúdos e orientações didáticas) e pelo amplo processo de divulgação e distribuição realizado pelo MEC (Aquino; Vasconcellos, 2005).

Ao recorrermos ao portal do MEC[11], é possível conhecer diversos documentos oficiais referentes ao currículo para todas as etapas e modalidades de ensino. Nesta obra, destacaremos alguns, especialmente aqueles destinados aos anos finais do ensino fundamental e ao ensino médio.

Um dos documentos oficiais publicados pelo MEC, em 2014, intitulado *Trajetórias criativas: jovens de 15 a 17 anos no ensino fundamental – uma proposta metodológica que promove autoria, criação, protagonismo e autonomia* (Brasil, 2014c), objetiva inspirar a implementação de currículos específicos, na perspectiva da

---

10 Nesta obra, trataremos exclusivamente dos documentos oficiais elaborados e publicados pelo MEC, em razão da abrangência nacional. Entretanto, os sistemas e as redes de ensino estaduais e municipais também elaboram documentos oficiais.

11 Disponível em: <https://www.gov.br/mec/pt-br>. Acesso em: 12 jan. 2024.

educação integral para jovens de 15 a 17 anos que não concluíram o ensino fundamental.

O documento é composto por oito cadernos, os quais propõem a sistematização integrada entre componentes e áreas do conhecimento, bem como dão orientações para o trabalho com a iniciação científica. Esse material é organizado conforme as orientações e determinações das DCN para o ensino fundamental de nove anos e para o ensino médio, tendo em vista que o propósito é promover esses jovens para a etapa de ensino seguinte.

Outro importante documento oficial é o *Caderno de reflexões: jovens de 15 a 17 anos no ensino fundamental* (Brasil, 2011), o qual objetiva propor políticas e delinear ações para o atendimento aos jovens na faixa etária de 15 a 17 anos que deveriam estar matriculados no ensino médio. Esse documento traz importantes análises a respeito da organização e dos espaços na escola, da organização dos processos de aprendizagem e da avaliação escolar.

Com relação ao ensino médio, o MEC publicou a Coleção Explorando o Ensino, constituída de 13 cadernos. Essa coleção visa orientar o desenvolvimento de práticas pedagógicas nas áreas de matemática, química, biologia, física, geografia, meio ambiente, astronomia, astronáutica e mudanças climáticas.

Para o ensino médio, também foram publicados documentos relacionados à **educação financeira**, sendo estes designados a professores e estudantes, com o objetivo de promover práticas pedagógicas que favoreçam o consumo e o investimento dos recursos financeiros de forma responsável e consciente, propiciando uma base mais segura para o desenvolvimento do país.

Já o documento *Educação antirracista: caminhos abertos pela Lei Federal n. 10.639/03* (Brasil, 2005) é voltado aos educadores de todas as etapas e modalidades de ensino, objetivando levá-los a compreender o processo de discriminação racial nas escolas e instrumentalizá-los a fim de que contribuam para a promoção da educação escolar antirracista.

Há outros diversos documentos oficiais que pretendem subsidiar e orientar os sistemas, as redes e as instituições de ensino na elaboração, na organização, no desenvolvimento e na avaliação dos currículos conforme as determinações legais e os documentos normativos.

Síntese

Neste capítulo, analisamos as políticas educacionais, ou seja, as ações e ideias governamentais planejadas e desenvolvidas pelo Poder Público destinadas ao currículo escolar. Enfatizamos a legislação, os documentos normativos do CNE e os documentos oficiais elaborados e publicados pelo MEC.

Verificamos que a CF de 1988 trouxe importantes determinações em relação ao currículo escolar, inclusive no que diz respeito aos conteúdos de ensino. A atual LDBEN (Lei n. 9.394/1996) ampliou e aprofundou orientações relacionadas ao currículo.

A partir da segunda metade dos anos de 2000, as ações do CNE se intensificaram, em consonância com o MEC, e resultaram na publicação de DCN para todas as etapas e modalidades de ensino, as quais abrangem importantes temáticas que precisam ser desenvolvidas pelos currículos. Esses documentos são normativos, ou seja, têm valor de lei. Portanto, devem ser seguidos pelos sistemas, redes ou instituições de ensino.

As DCN trazem determinações e orientações a respeito dos conhecimentos que precisam ser sistematizados: a base nacional comum e a parte diversificada; a abordagem didático-pedagógica; a avaliação; entre outros importantes aspectos relacionados ao currículo.

A BNCC é um documento que dispõe sobre orientações para a organização dos currículos brasileiros. De caráter normativo, ela estabelece o conjunto de aprendizagens essenciais de que todos os estudantes têm direito de se apropriar ao longo das etapas educacionais que compõem a educação básica brasileira.

Indicações culturais

Livros

CARNEIRO, M. A. **LDB fácil**: leitura crítico-compreensiva – artigo a artigo. 17. ed. São Paulo: Vozes, 2010.

Nesse livro, o autor analisa, de forma concreta e contextualizada, cada artigo da LDBEN de 1996, contribuindo para a compreensão de conceitos complexos. Enriquece o texto legal com elementos conceituais e com estatísticas educacionais.

COSTA-HÜBES, T. da C.; KRAEMER, M. A. D. (Org.). **Uma leitura crítica da Base Nacional Comum Curricular**: compreensões subjacentes. Campinas: Mercado de Letras, 2019.

Esse livro é resultado de estudos e análises críticas do grupo de estudo Impactos da Base Nacional Comum Curricular no Ensino de Língua Portuguesa, coordenado pelas organizadoras Terezinha da Conceição Costa-Hübes e Márcia Adriana Dias Kraemer na Universidade do Oeste do Paraná (Unioeste) e constituído por professores da educação básica, mestrandos, doutorandos e graduandos da área de Letras.

Revista

MOTA, A. P. F. da S.; CAMARGO, B. C. Apresentação: a Base Nacional Comum Curricular (BNCC) no contexto das reformas educacionais. **Olhar de Professor**, v. 25, p. 1-6, fev. 2022. Disponível em: <https://revistas.uepg.br/index.php/olhardeprofessor/article/view/21624>. Acesso em: 7 jan. 2024.

A revista *Olhar de Professor*, periódico acadêmico vinculado à Universidade Estadual de Ponta Grossa (UEPG), publicou em fevereiro de 2022 a edição intitulada "A Base Nacional Comum Curricular (BNCC) no contexto das reformas educacionais", a qual apresenta diversos artigos que analisam criticamente a BNCC.

Vídeos

CURY, C. R. J. **Lei de Diretrizes e Bases**. Parte 1. 2010. Disponível em: <http://www.gestaoescolar.diaadia.pr.gov.br/modules/video/showVideo.php?video=13089>. Acesso em: 7 jan. 2024.

CURY, C. R. J. **Lei de Diretrizes e Bases**. Parte 2. 2010. Disponível em: <http://www.gestaoescolar.diaadia.pr.gov.br/modules/video/showVideo.php?video=13088>. Acesso em: 7 jan. 2024.

CURY, C. R. J. **Lei de Diretrizes e Bases**. Parte 3. 2010. Disponível em: <http://www.gestaoescolar.diaadia.pr.gov.br/modules/video/showVideo.php?video=13087>. Acesso em: 7 jan. 2024.

CURY, C. R. J. **Lei de Diretrizes e Bases**. Parte 4. 2010. Disponível em: <http://www.gestaoescolar.diaadia.pr.gov.br/modules/video/showVideo.php?video=13086>. Acesso em: 7 jan. 2024.

Esses vídeos apresentam uma entrevista realizada em 2010 com Carlos Roberto Jamil Cury, professor da Pontifícia Universidade Católica de Minas Gerais (PUC-MG), autor do livro *LDB: Lei de Diretrizes e Bases da Educação Nacional*, especialista em políticas públicas na área de educação e pesquisador da legislação brasileira. Na entrevista, Cury faz uma análise histórica das leis educacionais no Brasil, assim como das três etapas da educação básica. Explica o processo de universalização da educação básica e trata do direito ao acesso, à permanência e à qualidade do ensino. Faz reflexões a respeito da LDBEN de 1996, da definição do currículo mínimo e do papel avaliador do Estado.

MOVIMENTO PELA BASE. Disponível em: <https://www.youtube.com/@MovimentopelaBaseNacionalComum>. Acesso em: 12 jan. 2024.

O canal do Youtube denominado Movimento pela Base apresenta diversos vídeos que sintetizam a BNCC.

CONVIVA EDUCAÇÃO. Disponível em: <https://www.youtube.com/@ConvivaEducacaoPlataforma>. Acesso em: 12 jan. 2024.

O canal do Youtube denominado Conviva Educação disponibiliza diversos vídeos sobre a organização didático-curricular da educação básica, assim como da BNCC.

Atividades de autoavaliação

1. No que diz respeito às políticas educacionais, é correto afirmar:
   a) Correspondem às ações e ideias governamentais desenvolvidas pelo Poder Público. Compõem as políticas públicas, sendo planejadas e desenvolvidas de acordo com as necessidades sociais.
   b) Referem-se às ações e ideias desenvolvidas pelas instituições escolares de acordo com a realidade da demanda atendida.
   c) Trata-se das ações exclusivas do governo federal relacionadas à educação.
   d) Correspondem às ações desenvolvidas pelo Ministério de Educação.

2. Diante da proposta instituída na Lei de Diretrizes e Bases da Educação Nacional (LDBEN) e na Constituição Federal acerca da gestão democrática, Saviani (2013, p. 216) afirma:

   > Na verdade, o professor deveria dar outro tipo de resposta. Deveria dizer: Sim. Tenho que participar da elaboração do projeto político-pedagógico da escola, de sua gestão democrática e da vida da comunidade. Mas... de qual escola e de qual comunidade, uma vez que ministro aulas em três ou mais escolas de diferentes comunidades? Não tenho o dom da ubiquidade. Ora, as autoridades só poderiam fazer o mencionado tipo de cobranças e, primeiro, tivessem feito a sua parte. Ou seja: se tivessem instituído um plano de carreira que garantisse aos professores da educação básica jornada integral em uma única escola, com seu tempo distribuído entre as aulas, que não poderiam ultrapassar 50% de sua jornada, e as demais atividades.

   Com base no texto apresentado e nos incisos do art. 13 da LDBEN de 1996, indique se os itens a seguir são verdadeiros (V) ou falsos (F) quanto às atribuições dos professores.

   ( ) Participar da elaboração da proposta pedagógica do estabelecimento de ensino.
   ( ) Elaborar e cumprir plano de trabalho, segundo os documentos oficiais do Ministério da Educação.

( ) Estabelecer estratégias de recuperação para os estudantes de menor rendimento.

( ) Ministrar os dias letivos e horas-aula estabelecidos, além de participar integralmente dos períodos dedicados ao planejamento, à avaliação e ao desenvolvimento profissional.

( ) Participar, quando convocado, das atividades de articulação da escola com as famílias e a comunidade.

Agora, assinale a alternativa que corresponde à sequência correta:
a) F, F, V, V, V.
b) V, V, F, V, F.
c) V, F, V, V, F.
d) V, V, V, V, V.

3. Sobre o direito à educação, avalie as seguintes asserções e a relação apresentada entre elas:

I. Justiça obriga escola a matricular alunos com deficiência.
II. A educação é um direito reconhecido e garantido na legislação educacional.

a) As asserções I e II são verdadeiras e a segunda justifica a primeira.
b) As asserções I e II são verdadeiras e a primeira justifica a segunda.
c) A asserção I é uma proposição falsa e a II é uma proposição verdadeira.
d) A asserção II é uma proposição falsa e a I é verdadeira.

4. Uma escola da rede pública municipal que ofertava aulas de Ensino Religioso recebeu a seguinte solicitação:

"Venho por meio desta carta solicitar a dispensa do meu filho Bruno das aulas de Ensino Religioso. Grata. Maria"

Considerando esse caso, analise as asserções a seguir e marque (C) para certo e (E) para errado.

( ) A escola negou o pedido porque o Ensino Religioso é de caráter obrigatório.

( ) A escola acatou o pedido e ofertou outra atividade para Bruno.

Assim, é possível afirmar:
a) A primeira asserção está correta (C) e a segunda está errada (E).
b) A primeira asserção está errada (E) e a segunda está correta (C).
c) As duas asserções estão corretas.
d) As duas asserções estão erradas.

5. No que diz respeito às Diretrizes Curriculares Nacionais (DCN) para o ensino médio, Ciavatta e Ramos (2012, p. 27) afirmam:

> Quanto à relação entre teoria e prática, o parecer é enfático em sua defesa e esta aparece nos princípios da valorização da experiência dos alunos, da contextualização na prática dos conhecimentos teóricos, da prática como organizadora do currículo, dentre outros. Já afirmamos o entendimento de que a competência profissional é sustentada por saberes que constituem síntese dos conhecimentos teóricos e da experiência. Uma questão a analisar, porém, é se tal síntese é geradora de condutas pragmáticas ou integradas à apreensão conceitual da realidade e produtoras, assim, de novos conhecimentos. Ou seja, a competência profissional pode se inscrever no universo pragmático da prática utilitária, ou no universo da práxis, dependendo de como se compreende a relação teoria-prática.

Com base no texto apresentado e na discussão realizada acerca das diretrizes para o ensino médio, analise as asserções a seguir e as relações apresentadas entre elas.

I. O conhecimento produzido na prática utilitária coloca o sujeito na condição de relacionar-se com o mundo, mas não necessariamente de compreendê-lo.

II. O conhecimento produzido na prática constitui-se em uma composição resumida da teoria.

Assim, é possível afirmar:
a) As asserções I e II são verdadeiras e a segunda justifica a primeira.
b) As asserções I e II são verdadeiras e a primeira justifica a segunda.
c) A asserção I é uma proposição falsa e a II é uma proposição verdadeira.
d) A asserção II é uma proposição falsa e a I é verdadeira.

Atividades de aprendizagem

Questões para reflexão

1. Pesquise uma das DCN instituídas pelo Conselho Nacional de Educação (CNE) e analise o que elas definem em relação aos conhecimentos que precisam ser sistematizados pelo currículo, bem como pela organização didático-pedagógica e pela avaliação.

2. Pesquise no portal do Ministério da Educação (MEC) um dos documentos oficiais sobre currículo escolar elaborados e publicados por esse órgão e analise as orientações curriculares propostas nesse material.

BRASIL. Ministério da Educação. Disponível em: <https://www.gov.br/mec/pt-br>. Acesso em: 12 jan. 2024.

Atividades aplicadas: prática

1. Entreviste um professor da seguinte maneira:
   a) Apresente ao entrevistado o art. 13 da LDBEN de 1996 e questione se ele consegue ou não cumprir todas as determinações. Solicite que o professor justifique as respostas.
   b) Pergunte se ele conhece as DCN referentes à etapa ou modalidade em que atua. Se a resposta for afirmativa, questione se o currículo da instituição em que ele trabalha segue as determinações desse documento.

2. Acesse a Base Nacional Comum Curricular (BNCC) e escolha uma das áreas contempladas no documento, conforme a sua atuação ou interesse. Realize a leitura do material e dê sua opinião a respeito desse conteúdo.

   BRASIL. Ministério da Educação. **Base Nacional Comum Curricular**. Disponível em: <http://basenacionalcomum.mec.gov.br/>. Acesso em: 12 jan. 2024.

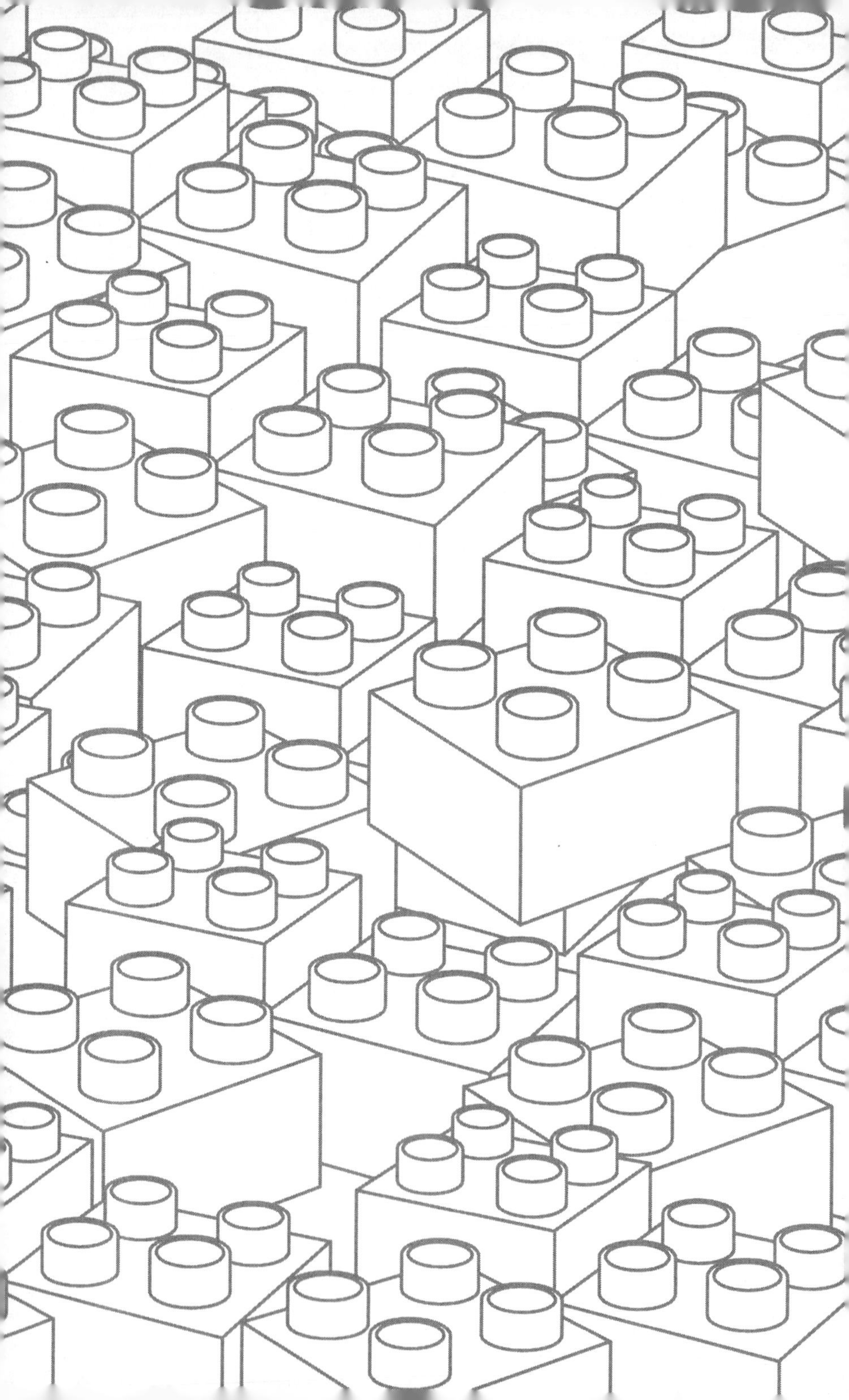

3 O currículo no contexto escolar

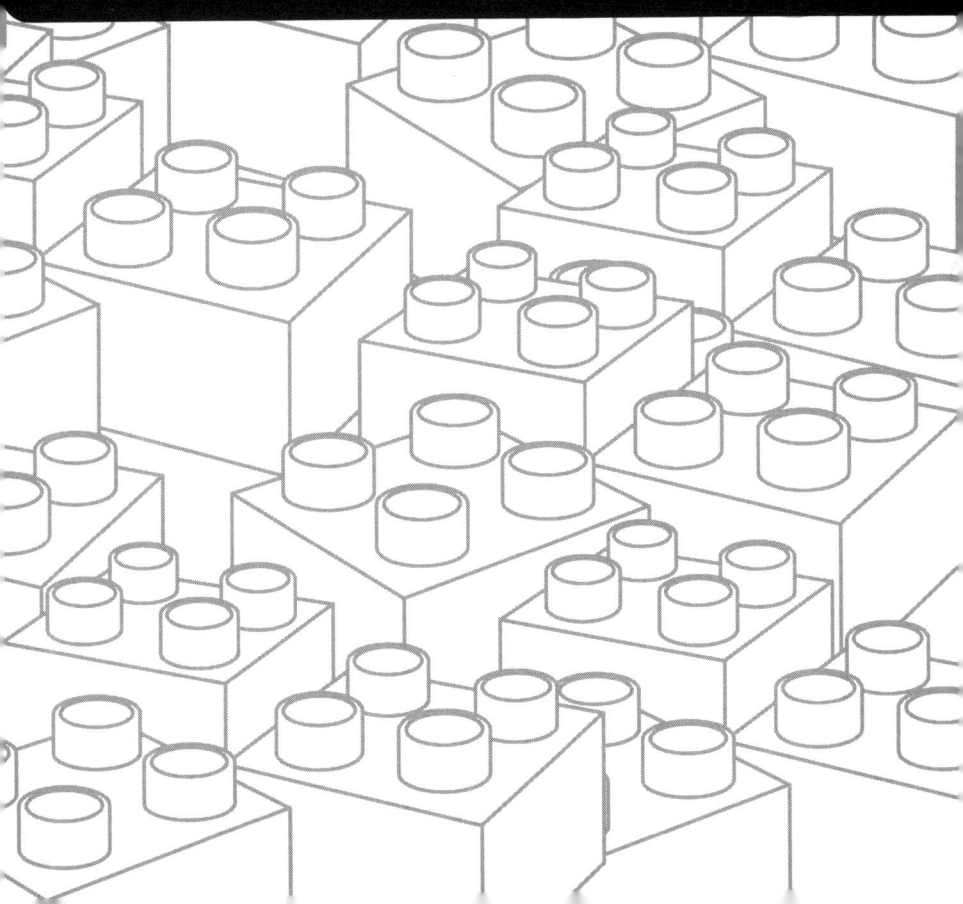

Neste capítulo, abordaremos as diversas dimensões do planejamento da instituição escolar, apresentando seus conceitos, suas finalidades, sua estrutura e seus processos de elaboração. Também estabeleceremos a relação entre o currículo e as demais dimensões do planejamento.

O principal objetivo aqui é oferecer ao leitor elementos teórico-metodológicos para a compreensão dos processos de elaboração e efetivação do currículo articulado às demais dimensões do planejamento escolar.

3.1 Diálogos entre o projeto político-pedagógico e o currículo

Planejamos diariamente as atividades mais simples de nossa vida. Tendo em vista a complexidade do trabalho desenvolvido pela escola, o qual é responsável pela formação humana, seria possível realizá-lo sem planejamento? Como podemos planejar o trabalho escolar? Você já ouviu falar em projeto político-pedagógico (PPP), projeto pedagógico, plano de aula, projeto de ensino-aprendizagem, plano de trabalho docente etc.? Essas são algumas dimensões do planejamento escolar. Vamos ampliar nossos conhecimentos a respeito delas?

Há uma diversidade de termos e conceituações sendo empregados em relação ao PPP e ao currículo na literatura especializada. Os termos *proposta pedagógica, proposta educativa, projeto pedagógico, projeto educativo* são utilizados com significados semelhantes para fazer referência ao que denominamos *projeto político-pedagógico* (PPP); o mesmo ocorre com *proposta curricular* e *currículo*.

Alguns estudiosos da temática não explicitam a diferença conceitual entre PPP e currículo; outros, porém, como Vasconcellos (1999), Veiga (1995), Veiga e Resende (1998), a explicitam. Embora não exista consenso, é importante destacar que todos defendem a importância e a necessidade desses documentos para a organização e a orientação do trabalho escolar, independentemente da terminologia empregada.

Neste livro, trataremos PPP e currículo como documentos diferenciados, mas que se articulam e se complementam. Para uma melhor compreensão dessas conceituações, vamos abordá-las de maneira específica, à luz dos estudos produzidos por especialistas dessas temáticas.

3.1.1 O projeto político-pedagógico: conceito, elaboração e estrutura

O PPP é o planejamento[1] da escola, norteador da organização e do desenvolvimento do trabalho escolar em geral, bem como de suas práticas, ações e intenções. Dessa maneira, propõe-se a refletir sobre os problemas, as necessidades e os limites do trabalho escolar como um todo, além de projetar e propor encaminhamentos e alternativas para uma possível superação ou melhoria.

Segundo Veiga (1995), o projeto é denominado *político* por estar comprometido com as necessidades e os interesses da população, assim como com a formação do cidadão e a construção de uma sociedade justa e igual. Sua dimensão pedagógica se refere à possibilidade da efetivação da função social da escola, ou seja, formar cidadãos participativos, responsáveis, críticos

---

1 Estamos nos referindo aqui apenas ao planejamento da escola (PPP), que se constitui em um dos níveis de planejamento da educação escolar. De acordo com Vasconcellos (1999), existem diferentes níveis de planejamento, como: planejamento do sistema de educação, PPP, planejamento curricular, projeto de ensino-aprendizagem, projeto de trabalho, planejamento setorial. Para aprofundar essa questão, consulte Vasconcellos (1999).

etc. por meio das ações educativas que desenvolve. Dessa forma, os termos *político* e *pedagógico* são indissociáveis.

Assim, o PPP não é neutro, tem uma intencionalidade e traduz um projeto histórico-social, um posicionamento a respeito do mundo, da sociedade, do homem, da educação e da escola. Nessa perspectiva, não se configura como um documento que precisa ser construído para cumprir exigências de autoridades ou órgãos, tampouco para ficar arquivado, mas busca assegurar a autonomia e as finalidades da escola.

À medida que a escola conquista sua autonomia, estabelece a própria identidade e singularidade. É preciso enfatizar que a autonomia se refere à definição de regras e orientações elaboradas pela própria comunidade escolar. No entanto, isso não pode ocorrer de maneira arbitrária; são necessários conhecimentos específicos, consciência crítica, compromisso e responsabilidade.

Veiga e Resende (1998) apontam que a autonomia da escola é composta por quatro dimensões que se inter-relacionam e são interdependentes: administrativa, jurídica, financeira e pedagógica. A Figura 3.1 exemplifica essa inter-relação entre as dimensões.

Figura 3.1 – As dimensões da autonomia da escola

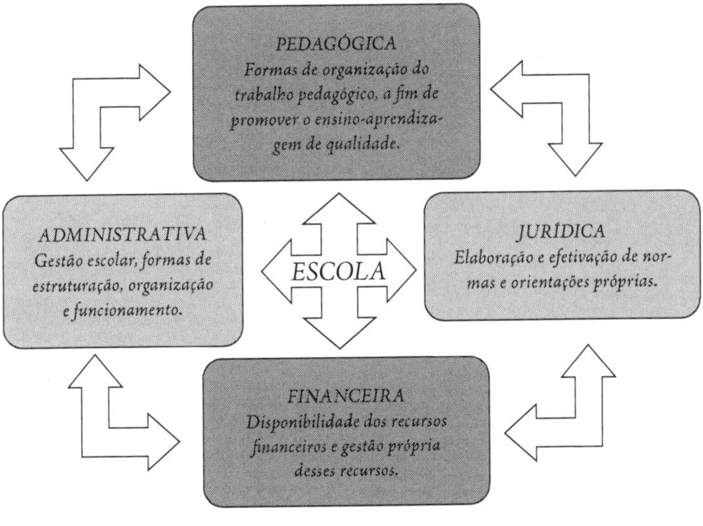

PEDAGÓGICA
Formas de organização do trabalho pedagógico, a fim de promover o ensino-aprendizagem de qualidade.

ADMINISTRATIVA
Gestão escolar, formas de estruturação, organização e funcionamento.

ESCOLA

JURÍDICA
Elaboração e efetivação de normas e orientações próprias.

FINANCEIRA
Disponibilidade dos recursos financeiros e gestão própria desses recursos.

Fonte: Elaborado com base em Veiga, 1995.

A **autonomia administrativa** diz respeito ao modelo de gestão escolar adotado, ou seja, às formas de estruturação, organização e funcionamento da escola, às relações estabelecidas etc. Numa perspectiva crítica de educação, a gestão se fundamenta nos princípios democráticos. Desse modo, as ações, as decisões e as definições são tomadas, acompanhadas e avaliadas pela comunidade escolar. São características desse modelo de gestão a eleição do gestor pela comunidade escolar e a implementação de instâncias colegiadas.

A **autonomia jurídica** se refere à elaboração e à efetivação de normas e orientações próprias, a fim de atender às necessidades da instituição, conforme a legislação vigente. Já a **autonomia financeira** está relacionada à disponibilidade de recursos financeiros que possibilitem à escola funcionar efetivamente. A gestão desses recursos deve ser realizada pela própria instituição de acordo com suas demandas, atendendo às exigências legais.

Por sua vez, a **autonomia pedagógica** consiste em definir as melhores formas de organização do trabalho pedagógico, a fim de promover o ensino-aprendizagem de qualidade. Essa dimensão da autonomia está relacionada a objetivos e conhecimentos escolares, metodologia, avaliação, organização do tempo escolar, definição do calendário escolar etc.

Podemos perceber, portanto, que a garantia da autonomia da escola nessas quatro dimensões favorece o cumprimento das finalidades dessa instituição. As finalidades da escola correspondem aos efeitos almejados intencionalmente pela escola, as quais são explicitadas por Veiga (1995) como: finalidade cultural, finalidade política e social, finalidade de formação profissional e finalidade humanística.

Tais finalidades consistem em preparar culturalmente os estudantes para melhor compreenderem a sociedade em que vivem; conscientizá-los a respeito de seus direitos e deveres de cidadania, a fim de formá-los para a participação política; possibilitar a compreensão do trabalho na formação profissional; e promover o desenvolvimento integral dos estudantes.

Nessa perspectiva, a construção do PPP se constitui em um processo de vivência democrática. O planejamento é elaborado, efetivado, acompanhado e avaliado por toda a comunidade escolar, pois só assim é possível garantir que as expectativas, as necessidades, as opiniões e as ideias dos sujeitos do processo educativo sejam consideradas. A Lei de Diretrizes e Bases da Educação Nacional (LDBEN) – Lei n. 9.394, de 20 de dezembro de 1996 (Brasil, 1996) – estabelece em seus arts. 12 (inciso I), 13 (inciso I) e 14 (inciso I) a responsabilidade da escola, dos professores e demais profissionais da educação na construção desse projeto.

Cabe à equipe gestora da instituição mobilizar e sensibilizar a comunidade para participar desse processo, assim como organizar, promover e fomentar situações que possibilitem a construção coletiva do projeto. Para isso, faz-se necessária a realização de estudos, discussões e debates, de uma análise do contexto, de um trabalho individual e em grupos, da sistematização escrita etc.

Segundo Vasconcellos (1999), esse processo de construção coletiva do PPP pode ser caracterizado por algumas dificuldades, como: comodismo; imediatismo; perfeccionismo; formalismo; falta de confiança no trabalho da instituição; falta de experiência com o grupo; falta de definição de uma linha teórico-metodológica de trabalho; mera reprodução de outros projetos; rotatividade dos profissionais; falta de condições adequadas para a realização de encontros, estudos e discussões; falta de experiências em processos democráticos; visão burocratizada do projeto; falta de articulação entre o projeto e o trabalho em sala de aula.

Para superar as possíveis dificuldades, é necessário fazer um planejamento sistematizado e coerente para organizar a elaboração do projeto. Por essa razão, sugerimos a elaboração de um roteiro que oriente sua estruturação.

Existem diversas possibilidades de estruturação do PPP propostas pelos estudiosos dessa temática. Ao recorrermos a Vasconcellos (1999), Veiga (1995) e Gandin (2002), podemos identificar um diálogo entre os roteiros propostos por eles, embora apresentem denominações diferenciadas.

Com base nas propostas desses estudiosos, especialmente da proposta de Veiga e Resende (1998), apresentamos a seguinte organização: marco situacional, marco conceitual e marco operacional. Esses textos se articulam e se inter-relacionam, conforme indica a Figura 3.2.

Figura 3.2 – Marcos que estruturam o projeto político-pedagógico

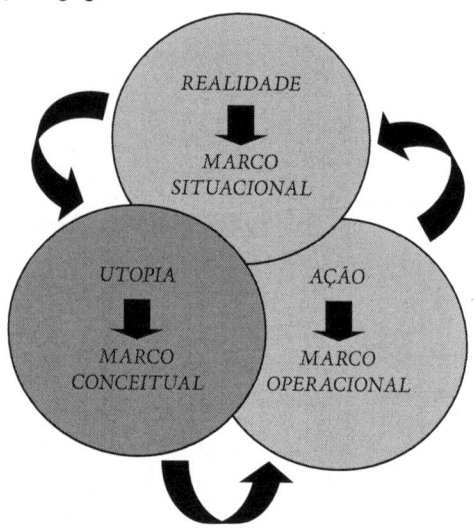

REALIDADE
⬇
MARCO
SITUACIONAL

UTOPIA
⬇
MARCO
CONCEITUAL

AÇÃO
⬇
MARCO
OPERACIONAL

Fonte: Elaborado com base em Veiga; Resende, 1998.

O **marco situacional** descreve a realidade na qual o projeto será desenvolvido, ou seja, a realidade em que a escola está inserida. Por isso, esse texto deve tratar e refletir sobre as condições sociais, políticas, econômicas, educacionais, culturais e religiosas que caracterizam essa realidade.

Diante da realidade retratada, o texto referente ao **marco conceitual** expressa os fundamentos teóricos que melhor organizam e norteiam o trabalho da escola. Assim, é imprescindível que sejam contempladas as concepções de sociedade, homem, educação e finalidade da escola.

Tendo em vista as necessidades, os limites, as dificuldades, as possibilidades e as potencialidades da realidade em que a escola está inserida, bem como os fundamentos teóricos que norteiam as práticas pedagógicas, o **marco operacional** descreve as ações, as estratégias e as normas da escola para efetivar suas metas e seus objetivos.

A efetivação do PPP precisa ser acompanhada e avaliada constantemente pela comunidade escolar, responsável por alterações, complementações e modificações desse documento.

3.1.2 O projeto político-pedagógico e o currículo

Diante das questões apresentadas sobre o PPP, é possível afirmar que ele diz respeito ao planejamento do trabalho escolar global, assumindo as funções de orientar as ações da escola e definir suas metas em relação às aprendizagens e ao desenvolvimento dos estudantes. Para executá-lo, a escola organiza seu currículo, que diz respeito às práticas educacionais que se desenvolvem em torno dos conhecimentos do patrimônio cultural, artístico, científico e tecnológico.

Dessa forma, PPP e currículo não têm o mesmo significado, mas dialogam e se complementam. O currículo compõe o PPP e constitui seu "elemento nuclear" (Libâneo, 2004, p. 168), pois expressa a organização das experiências e das práticas de ensino e de aprendizagens, ou seja, da intencionalidade da escola.

Libâneo (2004, p. 168) explica essa relação entre PPP e currículo da seguinte maneira:

> [o currículo] é a orientação prática da ação de acordo com um plano mais amplo, é um nível do planejamento entre o projeto pedagógico e a ação prática. Enquanto projeção do projeto pedagógico, o currículo define o que ensinar, o para que ensinar, o como ensinar e as formas de avaliação, em estreita colaboração com a didática.

Logo, não é possível tratar de currículo sem dialogar com o PPP. A partir disso, surgem os seguintes questionamentos: Como elaborar o currículo? O que o compõe? Vamos refletir sobre essas questões na sequência.

3.2 Como elaborar o currículo?

Já dialogamos a respeito do PPP, tratamos de seu conceito, sua importância, sua elaboração e sua estrutura. E quanto ao currículo? Como deve ser elaborado e estruturado?

Se concebemos que o currículo compreende os objetivos, os conhecimentos, as metodologias, os métodos, as formas de gestão e de avaliação etc. desenvolvidos pelos professores nas relações com os estudantes, sob uma determinada forma de organização escolar, a fim de promover a qualidade do ensino e da aprendizagem e, consequentemente, a formação integral e cidadã voltada à emancipação dos sujeitos, não é possível pensar num currículo elaborado exclusivamente por especialistas, externos à instituição escolar, ou na mera reprodução de currículos produzidos por outras instituições ou, de maneira impositiva, por órgãos responsáveis pelos sistemas ou redes de ensino.

Nessa perspectiva, o currículo precisa ser elaborado no interior da escola, pelos seus sujeitos. Assim, professores, demais profissionais da escola, estudantes e famílias se tornam "produtores curriculares" (Vasconcellos, 2011). A elaboração do currículo, numa visão crítica, deve considerar a situação concreta da escola, a cultura organizacional, a cultural local, as necessidades e os interesses dos estudantes e dos professores.

Entretanto, essa elaboração não pode ocorrer de maneira espontaneísta, reducionista, impositiva, sem diálogo, sem fundamentação teórico-metodológica, tampouco sem orientar-se pelos documentos normativos e oficiais. No Capítulo 2, já tratamos dos documentos normativos e oficiais que determinam e orientam o processo de elaboração do currículo, os quais devem ser utilizados pelas instituições escolares para fundamentar suas elaborações.

Vasconcellos (2011), ao refletir sobre o processo de construção do currículo, afirma que o ponto de partida dessa construção é a sensibilidade, a motivação, a necessidade por parte do coletivo em realizá-la, advertindo, porém, que isso não é suficiente. É preciso domínio do conhecimento teórico-metodológico referente ao currículo, assim como conhecimento dos sujeitos, do objeto do conhecimento, do contexto em que a escola está inserida e da diversidade de necessidades dos estudantes.

Assim, a escola precisa ouvir, conhecer, acolher, respeitar e valorizar na construção de seu currículo as condições de vida, os valores, os hábitos, os saberes e a cultura dos estudantes, bem como de seus professores, além de verificar se estes estão na profissão "por inteiro", ou seja, se estão abertos ao diálogo, ao debate e à mudança.

Com relação ao objeto do conhecimento, o professor precisa dominar os conhecimentos que vai desenvolver em sala de aula e, ainda, conhecer as melhores maneiras de desenvolvê-los, estabelecendo relações com os conhecimentos prévios dos estudantes, despertando o interesse e a motivação destes.

Além disso, é fundamental conhecer o contexto em que se realiza a construção do currículo: a sala de aula, a escola, o bairro, a cidade etc., ou seja, os condicionantes que interferem no processo de ensino-aprendizagem. Quando esses condicionantes não são conhecidos profundamente, são utilizados para justificar o insucesso do trabalho escolar, sendo que o importante é conhecê-los, discuti-los e propor alternativas para a superação desse quadro.

Esse processo de construção coletiva precisa conhecer e contemplar espaços para a diversidade de necessidades dos estudantes: necessidade de comunicar, de brincar, de se movimentar, de se sentir valorizado etc. Se o currículo não satisfizer ou canalizar tais necessidades, dificilmente o professor conseguirá uma participação organizada e produtiva em sala de aula.

Vasconcellos (2011) indica que o processo de construção coletiva do currículo deve ser caracterizado por estudo, pesquisa, diálogo, debate, expressão e que a liberdade e o respeito devem ser assegurados para que todos possam expressar suas ideias sem medo de serem criticados. Ressalta ainda que dificuldades e desafios surgem nesse processo, os quais só serão superados pela constituição de um grupo com os mesmos objetivos e pelo processo contínuo de construção coletiva.

Libâneo (2004) destaca que o processo de construção do currículo ocorre em dois momentos inter-relacionados: um dos momentos diz respeito ao que analisamos até aqui, o currículo construído pela escola; o outro momento se refere ao planejamento do professor para ser desenvolvido em sala de aula, ou seja, o plano de trabalho docente[2].

Dessa maneira, todas as vezes que o professor se dedica a planejar suas aulas, definir quais serão os objetivos a serem

---

2 Utilizaremos esse termo para nos referirmos ao planejamento do professor, conforme a denominação empregada no art. 13, inciso II, da LDBEN de 1996.

alcançados, quais conhecimentos serão desenvolvidos, quais procedimentos metodológicos e avaliativos serão empregados, ele (re)constrói o currículo.

3.3 Quais elementos constituem o currículo?

Considerando-se que o currículo corresponde ao planejamento da instituição escolar na dimensão didático-pedagógica e expressa as experiências escolares que envolvem o conhecimento, esse documento precisa explicitar alguns elementos teórico-metodológicos a fim de nortear as práticas pedagógicas.

Os sistemas ou redes de ensino, assim como as instituições escolares, têm autonomia para definir os elementos que comporão o currículo, conforme as necessidades e as especificidades das etapas ou modalidades de ensino nas quais serão desenvolvidos. Porém, de acordo com os estudiosos do assunto (Libâneo, 2004; Vasconcellos, 1999), há alguns elementos que não podem deixar de ser considerados, a saber:

- tendência ou concepção pedagógica que orienta a prática pedagógica, bem como seus fundamentos teórico-metodológicos;
- matriz curricular, sua organização e abordagem didático-pedagógica;
- critérios, expectativas ou referenciais de avaliação.

Se buscarmos orientações nas Diretrizes Curriculares Nacionais (DCN) para a educação básica – Parecer CNE/CEB n. 7, de 7 de abril de 2010 (Brasil, 2010a) – a fim de estruturar os elementos que compõem o currículo, veremos que a tendência ou concepção pedagógica adotada por esse documento deve favorecer o pleno desenvolvimento dos estudantes, a preparação para o exercício da cidadania e a qualificação para o trabalho, sem perder de vista as dimensões do educar e do cuidar em sua inseparabilidade.

A organização da matriz curricular para a educação básica precisa observar, especialmente, os seguintes critérios: organização e programação dos tempos escolares (dias e horas letivos) e dos espaços curriculares em forma de eixos, módulos ou projetos para a base nacional comum e para a parte diversificada.

A base nacional comum é constituída por conhecimentos, saberes e valores produzidos culturalmente, ou seja, Língua Portuguesa; Matemática; conhecimento do mundo físico, natural, da realidade social e política, especialmente do Brasil, incluindo o estudo da História e das culturas afro-brasileira e indígena; a Arte em suas diversas formas de expressão, incluindo a Música; a Educação Física; e o Ensino Religioso. A base nacional comum pode ser organizada em forma de disciplinas, áreas do conhecimento e eixos temáticos.

A parte diversificada consiste nas características regionais e locais da sociedade, da cultura, da economia e da comunidade escolar. Também deve contemplar uma língua estrangeira moderna, conforme a necessidade de cada comunidade, e temas relativos ao trânsito, ao meio ambiente e à condição dos direitos do idoso. A parte diversificada pode ser organizada em temas gerais ou eixos temáticos.

A base nacional comum e a parte diversificada se complementam e se inter-relacionam, podendo ser sistematizadas por programas e projetos interdisciplinares, conforme os interesses dos estudantes.

A abordagem didático-pedagógica, orientada pelas DCN para a educação básica, corresponde à transversalidade, a qual é facilitada e promovida pela interdisciplinaridade[3], que diz respeito à abordagem epistemológica do conhecimento. Dessa forma, a transversalidade e a interdisciplinaridade diferem, mas se complementam:

> A transversalidade é entendida como uma forma de organizar o trabalho didático-pedagógico em que temas, eixos temáticos são integrados às disciplinas, às áreas ditas convencionais de forma a estarem presentes em todas elas. A transversalidade difere-se da interdisciplinaridade e complementam-se; ambas rejeitam a concepção de conhecimento que toma a realidade como algo estável,

---

3 Para se aprofundar no assunto, consulte Nicolescu (2000).

> pronto e acabado. A primeira se refere à dimensão didático-pedagógica e a segunda, à abordagem epistemológica dos objetos de conhecimento. A transversalidade orienta para a necessidade de se instituir, na prática educativa, uma analogia entre aprender conhecimentos teoricamente sistematizados (aprender sobre a realidade) e as questões da vida real (aprender na realidade e da realidade). Dentro de uma compreensão interdisciplinar do conhecimento, a transversalidade tem significado, sendo uma proposta didática que possibilita o tratamento dos conhecimentos escolares de forma integrada. Assim, nessa abordagem, a gestão do conhecimento parte do pressuposto de que os sujeitos são agentes da arte de problematizar e interrogar, e buscam procedimentos interdisciplinares capazes de acender a chama do diálogo entre diferentes sujeitos, ciências, saberes e temas. (Brasil, 2010a, p. 29)

Nessa perspectiva, a transversalidade objetiva promover a relação, o diálogo e a integração entre os conhecimentos das diversas disciplinas, bem como relacionar as experiências e os conhecimentos cotidianos dos estudantes com os conhecimentos científicos. Dessa maneira, contribui para a superação da abordagem disciplinar fragmentada e estanque dos conhecimentos e para a aprendizagem com significação social.

A transversalidade diz respeito ao trabalho com temas relevantes socialmente, os quais correspondem às necessidades, às demandas e aos interesses dos estudantes e do contexto em que vivem; não são específicos de uma disciplina, mas perpassam diversas delas.

Cabe aos professores reconhecer as demandas do contexto histórico, social e cultural para selecionarem os temas mais adequados. A versão preliminar da BNCC já indicava alguns temas que podem ser sistematizados: "**Consumo e educação financeira; Ética, direitos humanos e cidadania; Sustentabilidade; Tecnologias Digitais e Culturas africanas e indígenas**" (Brasil, 2015, p. 16, grifo do original).

Outro elemento indispensável à organização curricular corresponde aos critérios, às expectativas ou aos referenciais avaliativos, os quais podem orientar o ato avaliativo da aprendizagem dos estudantes por parte do professor. Os critérios, as expectativas ou os referenciais avaliativos precisam ser definidos de maneira coerente com os conhecimentos e a abordagem didático-pedagógica desenvolvidos.

É importante salientar que a avaliação da aprendizagem do estudante, na perspectiva de uma educação crítica ou cidadã, visa verificar o nível de apropriação dos conhecimentos por parte do aluno, oferecendo ao professor subsídios para replanejar e reorganizar suas ações pedagógicas, a fim de encontrar meios mais eficientes e satisfatórios para que a aprendizagem ocorra com qualidade. Assim, a avaliação assume a função de redimensionadora da prática pedagógica.[4]

Wachowicz (1988) atribui papel fundamental aos critérios avaliativos, afirmando que o estabelecimento de critérios relevantes e necessários pode minimizar arbitrariedades no ato avaliativo. Desse modo, segundo a autora,

> ao compor o critério para a avaliação da aprendizagem, a seleção das expectativas deve apresentar uma relação interna, necessária do ponto de vista lógico, com a natureza daquilo que está sendo avaliado. Nesse caso, a estrutura e as funções do critério estão unidas por alguma espécie de relação interna à natureza da matéria que está sendo avaliada, sendo então legítimo o critério. (Wachowicz, 1988, p. 6)

Nessa perspectiva, conforme orientação das DCN para a educação básica, a abordagem didático-pedagógica deve se estruturar por meio do trabalho por **projetos**, contribuindo, assim, para a superação do trabalho disciplinar instrucionista, no qual o professor sistematiza os conteúdos de cada disciplina de maneira isolada, o que faz com que os estudantes se apropriem de um conhecimento fragmentado e não estabeleçam relação deste com a realidade.

No trabalho por projetos, o objeto a ser estudado é definido pelos estudantes conforme os problemas presentes na prática social, os quais instigam a curiosidade e o interesse desses sujeitos. Ao professor cabe o papel de mediar a escolhas dos temas por

---

4   A temática referente à avaliação será aprofundada no Capítulo 4.

parte dos estudantes; sistematizar os conhecimentos do patrimônio histórico-cultural de forma transdisciplinar e interdisciplinar, utilizando estratégias centradas no diálogo, na participação, na pesquisa e na reflexão crítica; e assegurar a participação e o envolvimento dos estudantes.

O trabalho por projetos constitui um dos caminhos para estruturar a abordagem didático-pedagógica comprometida com a formação integral e cidadã dos estudantes, mas não é o único. Há várias outras perspectivas, entre as quais podemos citar: centro de interesse (Jean-Ovide Decroly), unidades didáticas (Henry C. Morrison), complexos temáticos (Moisey Pistrak), atelier/oficina (Célestin Freinet), mapas conceituais (Joseph Novak), abordagem reggio emilia (Loris Malaguzzi), temas geradores (Paulo Freire), fazer a ponte (José Francisco Pacheco), formação de ações mentais por estágios (Galperin), experiência de aprendizagem (Reuven Feuerstein) etc. (Vasconcellos, 2011).

Com base nesses elementos teórico-metodológicos contidos no currículo, o professor organiza e desenvolve sua ação pedagógica.

3.4 O currículo na ação docente

Para assegurar que os objetivos e as finalidades previstos no currículo sejam efetivados, o professor precisa elaborar e efetivar outra dimensão do planejamento: o plano de trabalho docente, o qual recebe diversas denominações, como *planejamento didático* (Luckesi, 1994), *projeto de ensino-aprendizagem* (Vasconcellos, 1999), *planos de ensino* (Libâneo, 2004) e *plano de ação docente* (Vasconcellos, 2011).

O plano de trabalho docente é o instrumento orientador e organizador da prática pedagógica; ele possibilita ao professor prever suas ações em sala de aula, contribuindo para que estas sejam conscientes e seguras. Além disso, o plano expressa o desejo de aperfeiçoar a prática pedagógica e superar possíveis dificuldades, como índices de reprovação, pouca qualidade de ensino e de aprendizagem, insatisfação e desinteresse dos estudantes.

É importante enfatizar que o plano aqui tratado não é entendido como um documento burocrático, preenchido para cumprir exigências da instituição, ou como um simples formulário para serem registradas belas ações. Segundo Vasconcellos (1999, p. 46), "o projeto em si não transforma a realidade; não adianta ter planos bonitos, se não tivermos bonitos compromissos [...] e bonitas práticas realizadas".

Há alguns pressupostos que precisam ser considerados durante a elaboração do plano de trabalho docente: tomar como referência o PPP da instituição; buscar a integração com os demais professores da instituição; elaborar o plano conforme as necessidades e os interesses dos estudantes; e sistematizar conhecimentos relevantes aos estudantes.

Em razão da importância desse plano, a LDBEN de 1996 determina que os professores o elaborem e os estabelecimentos de ensino assegurem essa ação, como consta em seu art.12, inciso IV: "Os estabelecimentos de ensino, respeitadas as normas comuns e as de seu sistema de ensino, terão a incumbência de: [...] velar pelo cumprimento do plano de trabalho de cada docente" (Brasil, 1996). Ademais, conforme o art. 13, inciso II, "Os docentes incumbir-se-ão de: [...] elaborar e cumprir plano de trabalho, segundo a proposta pedagógica do estabelecimento de ensino" (Brasil, 1996).

Há diversas possibilidades para se estruturar o plano de trabalho docente, mas nos inspiramos, especialmente, nas propostas de Libâneo (2004) e Vasconcellos (1999). Assim, há alguns elementos essenciais que precisam ser contemplados:

- **Período:** É necessário prever o tempo aproximado que será destinado à efetivação do plano de trabalho docente. O que define esse tempo é o trabalho que será desenvolvido para a sistematização dos conteúdos previstos, por exemplo: quais encaminhamentos metodológicos serão utilizados, quais e quantas propostas de trabalho para o estudante serão realizadas. É importante prever o tempo de início e término do plano para que o professor saiba quando terá de planejar novamente e se organize para isso.

- **Conteúdos:** Os conteúdos a serem sistematizados precisam ser definidos com base no currículo da instituição, nas necessidades e nos interesses de aprendizagem dos estudantes. Desse modo, o professor precisa conhecer seus estudantes para definir quais conteúdos já foram sistematizados e têm de ser retomados; quais precisam ser sistematizados por meio de outros encaminhamentos metodológicos; quais precisam ser aprofundados; quais não precisam mais ser sistematizados, pois já houve apropriação de toda a turma; e quais devem ser introduzidos.

- **Objetivos:** Definem o que o professor pretende atingir ao sistematizar os conteúdos previstos ao término do plano de trabalho docente. Cabe salientar que, por muitas vezes, não é na primeira sistematização do(s) conteúdo(s) que o professor atingirá seus objetivos. Também é necessário estar atento para a seguinte situação: os objetivos só poderão ser atingidos/alcançados se os conteúdos planejados forem suficientemente sistematizados.

- **Desenvolvimento ou encaminhamento metodológico:** É necessário explicitar procedimentos, técnicas, estratégias ou ações que o professor realizará no desenvolvimento do plano. Esse elemento ajuda o professor a melhor organizar sua prática, não se esquecendo de desenvolver encaminhamentos fundamentais para a apropriação dos conteúdos que estão sendo sistematizados (explicações que devem ser feitas; leitura de textos de determinados materiais; perguntas que devem ser feitas oralmente a fim de promover uma discussão etc.).

- **Proposta de trabalho para o estudante:** É preciso explicitar as atividades que serão realizadas pelos estudantes, com a linguagem e a redação já adequadas a eles. Esse elemento do plano de trabalho docente está intimamente ligado ao desenvolvimento ou encaminhamento metodológico. Assim, se for de preferência do professor, os dois poderão ser registrados juntos, desde que se tenha clareza da diferença entre eles, pois a maioria das propostas de trabalho para os estudantes é precedida ou seguida de desenvolvimento ou encaminhamento metodológico.

É necessário destacar que as atividades propostas devem:

- ter como referência a aprendizagem do grupo e dos estudantes individualmente, isto é, o que os estudantes já sabem ou não a respeito do conteúdo que está sendo trabalhado;
- ser diferenciadas e diversificadas;
- ser articuladas entre si;
- ter crescente grau de complexidade.

A maioria dessas atividades é utilizada como meio para a apropriação dos conteúdos, ou seja, os estudantes as realizam sob orientação do professor; outras, a minoria, servem de **instrumento de avaliação**, ou seja, atividades que os estudantes realizam sozinhos e que são propostas pelo professor para que possa verificar se houve ou não a apropriação daquilo que foi trabalhado.

Em cada um dos momentos descritos o professor exerce funções diferentes: durante as "atividades-meio", que servem para favorecer a apropriação do conhecimento, o professor atua como mediador, auxiliando os estudantes nas resolução das questões; já nos instrumentos de avaliação, o professor analisa as "respostas" dos alunos para diagnosticar os níveis de apropriação e, a partir disso, replanejar suas ações.

- **Critérios de avaliação:** Expressam as expectativas do professor em relação à aprendizagem de seus estudantes no fim de um determinado plano de trabalho docente. São os critérios que orientam a avaliação do professor e devem explicitar o conteúdo que está sendo avaliado, em que prática (atividade) ocorrerá essa avaliação e qual o nível de aprofundamento/complexidade exigido do estudante.
- **Recursos didáticos:** Correspondem ao registro dos materiais que serão utilizados no desenvolvimento do plano, a fim de serem organizados e providenciados com antecedência.

Enfatizamos que essa estrutura de plano de trabalho docente não é única, tampouco fechada, devendo-se considerar que seus elementos precisam ser elaborados de maneira articulada e inter-relacionada.

Síntese

Por meio do estudo deste capítulo, você pôde compreender que a organização do trabalho escolar abrange algumas dimensões de planejamento, quais sejam: PPP, currículo e plano de trabalho docente. Essas dimensões se diferenciam, mas se inter-relacionam e se complementam.

O PPP é o planejamento da escola, norteador da organização e do desenvolvimento do trabalho escolar em geral, bem como de suas práticas, ações e intenções. Precisa ser elaborado de maneira coletiva, por meio da participação de toda a comunidade escolar. Segundo Veiga e Resende (1998), deve ser constituído por três marcos: situacional, conceitual e operacional, os quais se inter-relacionam.

Para executá-lo, a escola organiza seu currículo, que diz respeito às práticas educacionais que se desenvolvem em torno dos conhecimentos do patrimônio cultural, artístico, científico e tecnológico. O currículo complementa e compõe o PPP, mas corresponde ao planejamento da organização didático-pedagógica da instituição escolar. Assim como o PPP, o currículo deve ser elaborado coletivamente.

Embora os sistemas e redes de ensino, assim como as instituições escolares, tenham autonomia para definir sua estrutura, sugere-se que alguns elementos teórico-metodológicos não deixem de ser contemplados.

Ao fundamentar-se nas DCN para a educação básica, é possível perceber que a organização da ação didático-pedagógica deve se basear na transversalidade e na interdisciplinaridade, as quais são potencializadas por meio do trabalho por projetos.

Por fim, verificamos que o plano de trabalho docente, que corresponde ao planejamento elaborado pelo professor para o desenvolvimento da ação pedagógica com os estudantes, contribui para que essa ação seja consciente, organizada e segura, assim como promove a efetivação dos elementos teórico-metodológicos contidos no documento curricular.

Indicações culturais

Artigos

AMARAL, A. Projeto político-pedagógico: o que manter? O que descartar? **Gestão Escolar**, São Paulo, ano V, n. 29, p. 22-29, dez. 2013/jan. 2014.

Esse artigo orienta como realizar o processo de avaliação, atualização e reelaboração do PPP, propondo algumas estratégias para auxiliar nesse processo.

LOPES, N. Projeto político-pedagógico na prática. **Gestão Escolar**, São Paulo, ano II, n. 11, p. 22-28, dez. 2010/jan. 2011.

Esse artigo aborda o conceito de PPP, orienta sobre sua elaboração e sobre tópicos que precisa conter, assim como indica referenciais teóricos que podem contribuir para o processo de elaboração desse projeto.

Vídeos

VEIGA, I. P. A. **Projeto político-pedagógico**. Parte 1. 2007. Disponível em: <http://www.gestaoescolar.diaadia.pr.gov.br/modules/video/showVideo.php?video=12780>. Acesso em: 7 jan. 2024.

VEIGA, I. P. A. **Projeto político-pedagógico**. Parte 2. 2007. Disponível em: <http://www.gestaoescolar.diaadia.pr.gov.br/modules/video/showVideo.php?video=12779>. Acesso em: 7 jan. 2024.

VEIGA, I. P. A. **Projeto político-pedagógico**. Parte 3. 2007. Disponível em: <http://www.gestaoescolar.diaadia.pr.gov.br/modules/video/showVideo.php?video=12778>. Acesso em: 7 jan. 2024.

No portal da Secretaria de Estado de Educação do Paraná, é possível acessar uma entrevista, organizada em três vídeos, com a professora doutora Ilma Passos de Alencastro Veiga, na qual são tratadas questões como: construção e importância do PPP; políticas públicas voltadas ao PPP; a relação entre o PPP e a gestão escolar etc. Essa entrevista foi concedida em 2007 à TV Paulo Freire. O primeiro e o segundo vídeo têm duração de aproximadamente 17 minutos, e o terceiro, de cerca de 20 minutos.

DVDs

EDIÇÕES SM. **Série Gestor Escolar**: Fundamentos. São Paulo, 2012. 100 min.

Esse DVD é constituído por cinco palestras realizadas por renomados educadores. Destacamos duas, as quais têm temáticas relacionadas ao presente capítulo: "Projeto político-pedagógico e gestão democrática", de autoria de Vasco Moretto, e "Pedagogia dos projetos", de Nilbo Nogueira

Vasco Moretto aborda a importância do PPP para a identidade institucional, sendo esse documento definido como projeto de construção coletiva, norteador das escolhas e ações pedagógicas dos membros da comunidade escolar. Já Nilbo Nogueira trata da pedagogia de projetos, enfatizando a autonomia do estudante e o trabalho com conteúdos procedimentais.

PEDRAL, S. **Educação.doc**: registros da série de documentários Educação.doc sobre educação pública de qualidade. Direção: Luiz Bolognesi. São Paulo: Moderna; Buriti Filmes, 2014.

O livro, que inclui um DVD, aborda experiências bem-sucedidas em escolas públicas de diversas regiões do Brasil, caracterizadas por contextos sociais, econômicos, educacionais e culturais diferenciados. Essas experiências foram exibidas no programa *Fantástico*, da Rede Globo, e no canal por assinatura Globo News, entre os meses de março e maio de 2014.

Com essas experiências, é possível debater e refletir sobre a importância e as finalidades do PPP, do currículo, do plano de trabalho docente e demais temas relacionados à organização escolar.

Atividades de autoavaliação

1. A equipe gestora de uma escola organiza, promove e desenvolve a elaboração do projeto político-pedagógico (PPP) de maneira coletiva, envolvendo profissionais, famílias, estudantes e comunidade local. Com base nos fundamentos teórico-metodológicos utilizados neste livro, é correto afirmar que essa ação da equipe gestora contribui para que:

    a) o processo de elaboração do PPP seja realizado rapidamente, agilizando a entrega do documento aos órgãos competentes.

    b) as expectativas, as necessidades, as opiniões e as ideias do coletivo sejam consideradas e atendidas no processo educativo.

    c) a comunidade escolar não critique e questione o PPP da instituição, tampouco atribua a responsabilidade pelos problemas ou equívocos à direção da escola.

    d) a escrita do PPP seja compartilhada, devendo cada segmento da comunidade escolar responsabilizar-se pela redação de um capítulo do documento.

2. De acordo com os estudos desenvolvidos por Veiga (1995) e Veiga e Resende (1998), o PPP pode ser estruturado por meio de três textos que se articulam e se inter-relacionam: marco situacional, marco conceitual e marco operacional. A equipe gestora de uma escola está promovendo a elaboração coletiva do marco situacional, o que significa que a comunidade escolar, especialmente nesse momento, está:

    a) descrevendo as ações, estratégias e normas da escola para efetivar suas metas e seus objetivos.

    b) pesquisando, estudando e discutindo sobre os fundamentos teóricos que melhor organizam e norteiam o trabalho da escola: concepções de sociedade, homem, educação e finalidade da escola.

    c) analisando os indicadores de aprendizagem dos estudantes, exclusivamente os índices de reprovação.

    d) descrevendo a realidade em que a escola está inserida, analisando e refletindo sobre as condições sociais, políticas, econômicas, educacionais, culturais e religiosas que caracterizam essa realidade.

3. As Diretrizes Curriculares Nacionais (DCN) para a educação básica trazem diversas orientações teórico-metodológicas para subsidiar a organização dos currículos. Com base nesse documento, indique se as afirmações a seguir são verdadeiras (V) ou falsas (F) e marque a alternativa que contém a sequência correta:

    ( ) O currículo deve se fundamentar numa tendência ou concepção pedagógica que favoreça o pleno desenvolvimento dos estudantes, a preparação para o exercício da cidadania e a qualificação para o trabalho, sem perder de vista as dimensões do educar e do cuidar em sua inseparabilidade.

    ( ) A matriz curricular deve ser composta por uma base nacional comum e por uma parte diversificada, as quais devem ser sistematizadas de maneira separada.

    ( ) O currículo deve adotar uma abordagem didático-pedagógica baseada na transdisciplinaridade e na interdisciplinaridade.

    ( ) O currículo deve estruturar a abordagem didático-pedagógica do trabalho disciplinar instrucionista, no qual o professor sistematiza os conteúdos de cada disciplina de maneira isolada.

    a) V, F, V, F.
    b) F, F, F, V.
    c) V, F, F, V.
    d) V, V, V, F.

4. De acordo com Lima (2015, p. 28):

    as transformações pelas quais tem passado a concepção de currículo escolar promoveram uma ampla discussão nacional na última década. Na cidade gaúcha de Caxias do Sul, as reflexões sobre o tema [currículo] foram sistematizadas no projeto Referenciais da Educação da Rede Municipal de Ensino de Caxias do Sul sob o título "Fazer e Aprender".

Esse projeto se constituiu na elaboração coletiva do currículo, caracterizado por diálogo, realização de seminários, estudos e debates e construção de cadernos pedagógicos.

Essa experiência desenvolvida em Caxias do Sul se relaciona às propostas teórico-metodológicas expressas neste livro no que diz respeito à elaboração do currículo?

a) Sim, pois o currículo precisa ser elaborado coletivamente, de acordo com as características, expectativas e necessidades da comunidade a que se destina, por meio de estudos, diálogo e debates, sendo que todos os envolvidos devem expressar suas opiniões e ideias.

b) Não, pois o currículo escolar é elaborado e fixado pelo Ministério da Educação, cabendo aos sistemas e redes de ensino operacionalizá-lo.

c) Parcialmente, pois o currículo deve ser objeto de estudo e formação dos professores, porém deve ser elaborado por uma equipe de especialistas.

d) Não, pois o currículo deve ser elaborado por profissionais especialistas nas diversas disciplinas, de maneira que a seleção dos conteúdos científicos seja realizada de forma adequada.

5. Leia a citação a seguir:

> Refletir sobre o desenvolvimento sustentável na prática era o objetivo da professora Telma Oliveira Medeiros quando propôs ao 9º Ano da Escola Estadual Heitor Villa-Lobos, em Ariquemes [...], em Porto Velho, que elaborasse propostas de melhorias para o município. Assim ela trabalhou os conteúdos previstos para essa etapa, como turismo ecológico, cidades e hábitos de consumo mundializados, além dos objetivos de desenvolvimento do milênio da Organização das Nações Unidas (ONU) com base na geografia local. (Nicolielo; Peres, 2013, p. 42)

A professora apresentou vídeos que retratam iniciativas sustentáveis, orientou pesquisas na internet e em livros didáticos, encaminhou debates sobre os materiais pesquisados e a realidade municipal, promoveu uma palestra com o promotor de justiça sobre a preservação da mata ciliar no município e orientou a formulação de propostas e a socialização destas pelos estudantes na comunidade.

É possível relacionar essa prática desenvolvida pela professora à concepção atual de currículo, voltada à formação integral e cidadã, conforme foi apresentado neste livro?

a) Não, pois uma abordagem como essa pode ter enfatizado as experiências da realidade em que os estudantes vivem em detrimento dos conteúdos científicos, os quais são mais importantes em um currículo voltado à formação integral e cidadã.

b) Sim, pois a professora sistematizou somente as experiências dos estudantes, as quais têm valor e significado para eles e devem ser enfatizadas num currículo voltado à formação integral e cidadã, descartando os conteúdos científicos.

c) Não, pois a professora enfatizou somente os conteúdos científicos, desconsiderando as experiências e as expectativas dos estudantes, as quais são fundamentais na composição de um currículo voltado à formação integral e cidadã.

d) Sim, pois a professora articulou as experiências dos estudantes aos conhecimentos do patrimônio histórico-cultural, o que caracteriza o currículo voltado à formação integral e cidadã.

Atividades de aprendizagem

Questões para reflexão

1. Assista ao vídeo "O que define um currículo de qualidade?", palestra da professora Katia Smole produzida pela Fundação Lemann, e analise a seguinte questão: Quais conhecimentos, informações e reflexões são necessários para se elaborar o currículo?

    SMOLE, K. **O que define um currículo de qualidade?** 25 fev. 2012. Disponível em: <https://www.youtube.com/watch?v=FJgdsb7Um_c>. Acesso em: 7 jan. 2024.

2. Assista ao vídeo produzido pela revista *Gestão Escolar* intitulado "Como fazer o PPP funcionar" e registre quais ações precisam ser desenvolvidas para que este se efetive.

    BARBOSA, M. **Como fazer o PPP funcionar.** 21 fev. 2014. Disponível em: <https://www.youtube.com/watch?v=s_tnaiuAksM&feature=youtu.be>. Acesso em: 7 jan. 2024.

Atividades aplicadas: prática

1. Pesquise um currículo de uma instituição escolar, de uma rede ou sistema de ensino e analise se ele é constituído pelos elementos teórico-metodológicos abordados neste livro. Registre sua análise.

2. Entreviste um professor apresentando as seguintes questões:
    a) Você planeja suas aulas?
    b) Como você organiza seu planejamento?
    c) Qual é a função do planejamento?

    Analise se as respostas correspondem aos pressupostos descritos neste livro. Registre sua análise.

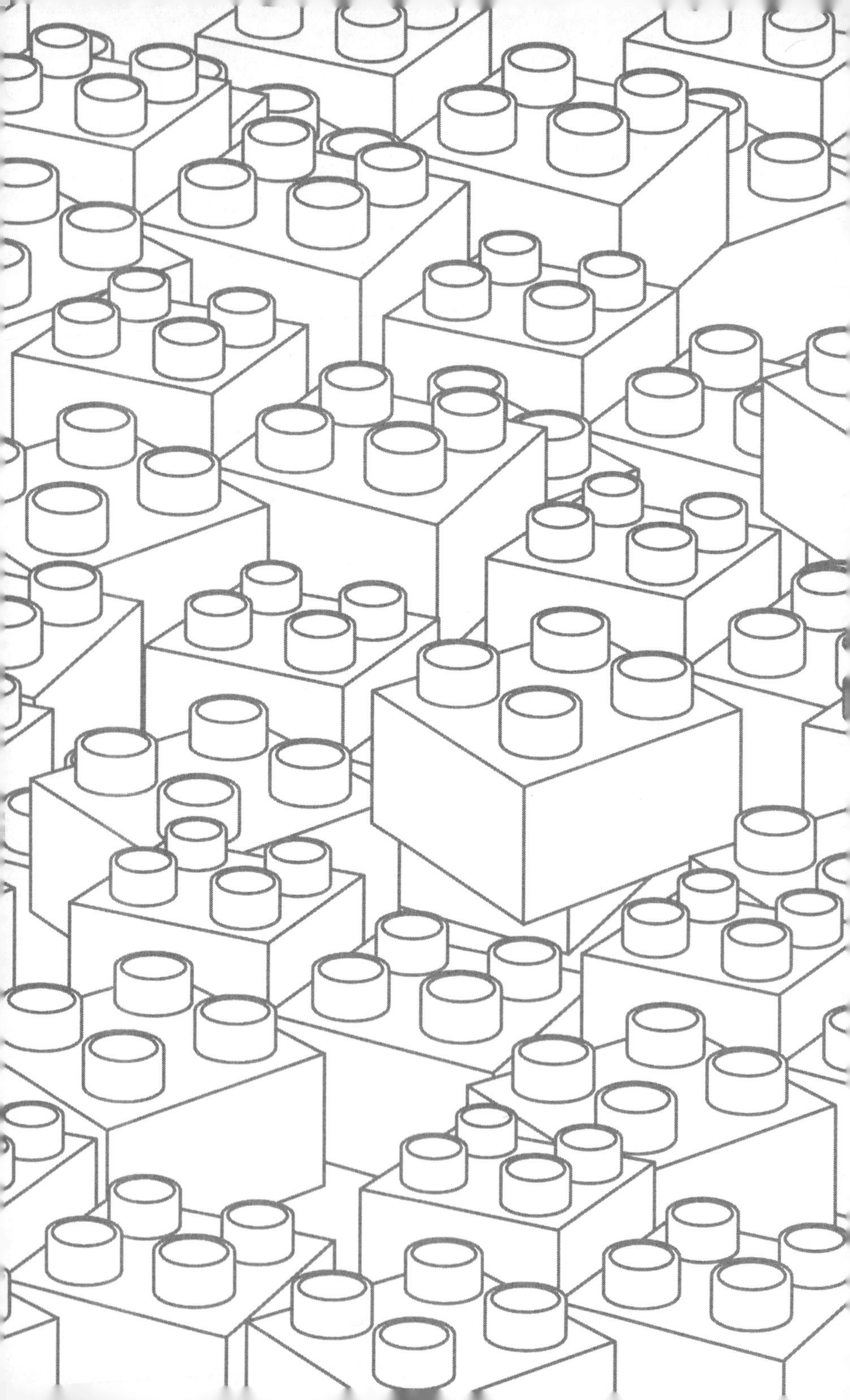

4 Currículo e desafios de avaliação

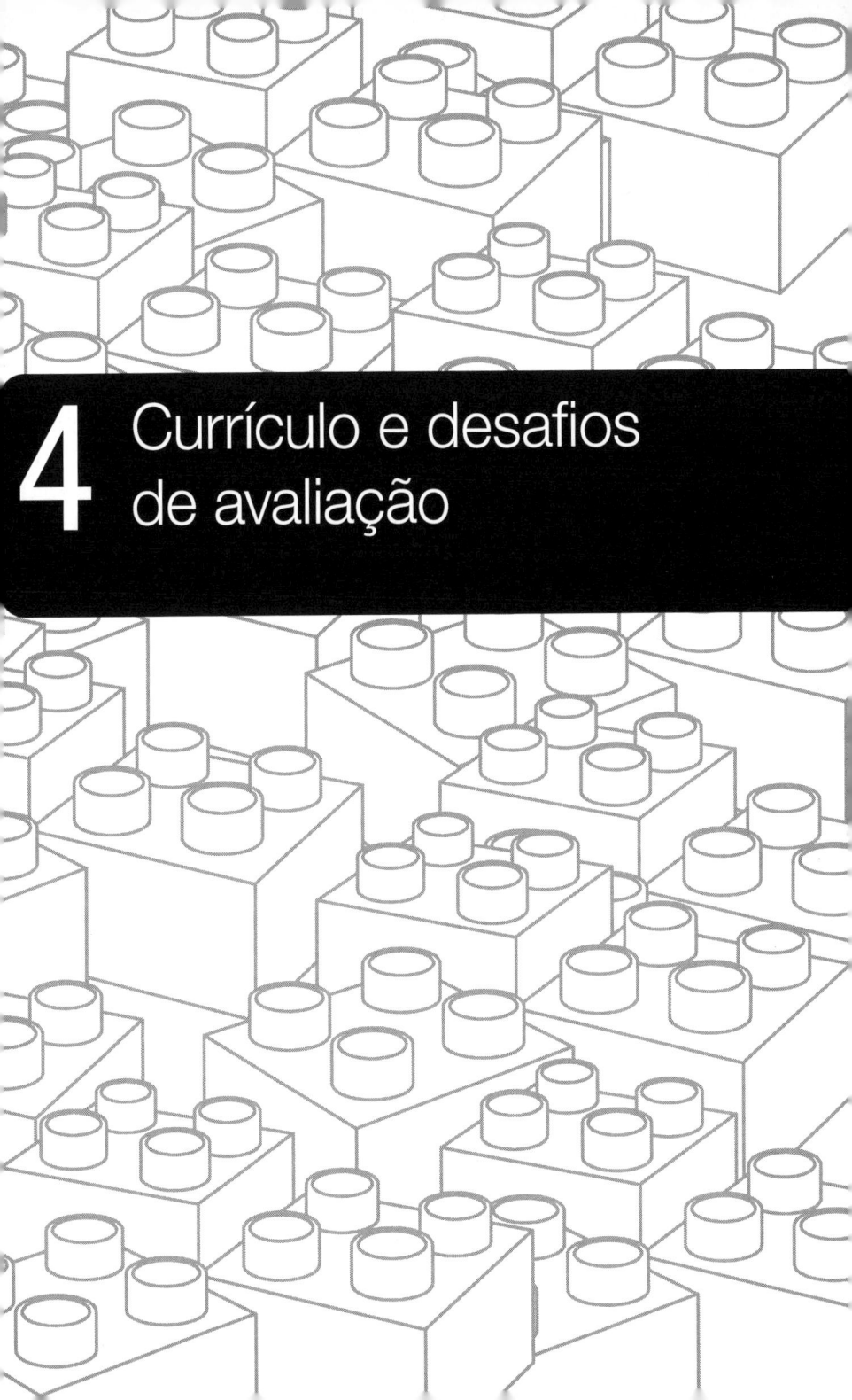

Uma das facetas que se inscrevem na discussão sobre currículo e que estabelecem com ele uma relação simbiótica é a avaliação. Tendo isso em vista, neste capítulo analisaremos as dimensões da avaliação da aprendizagem, de sistema e institucional. No fim deste estudo, você disporá de elementos teóricos e práticos que elucidam a relação entre a avaliação e o currículo. Assim, escolhemos iniciar esse diálogo examinando a forma pela qual a avaliação se faz presente em nosso cotidiano.

4.1 Avaliação: da concepção tradicional à formativa

Ao nos lembrarmos dos espaços sociais que frequentamos diariamente, como a escola, o trabalho ou nossa casa, percebemos facilmente que a avaliação está imbricada em todas as ações humanas. É comum avaliarmos o tempo para tomarmos decisões sobre a roupa que usaremos ou, então, avaliarmos o que temos na geladeira para decidir o que escolheremos como café da manhã, por exemplo. Desse modo, podemos dizer que avaliar é uma ação inerente ao ser humano. Avaliamos e somos avaliados o tempo todo!

Nessa lógica, poderíamos afirmar também que estamos imersos numa cultura avaliativa. Essa cultura avaliativa se institucionaliza nos setores sociais de forma distinta, todavia sua natureza reguladora acaba por desempenhar o mesmo papel: aumento da eficácia e da produtividade. Assim, observamos no mercado de trabalho os profissionais sendo avaliados por seu desempenho; na indústria, os produtos são avaliados por sua qualidade; nas empresas terceirizadas, avaliam-se os serviços prestados; na gestão pública, a avaliação recai sobre as políticas, entre outros exemplos.

Olhando a avaliação por esse prisma, temos a impressão de que ela é algo pertencente à modernidade. Entretanto, Dias Sobrinho (2003) observa que as práticas avaliativas que percebemos atualmente têm trilhado uma longa trajetória – aliás, um caminho milenar. Segundo o autor, na China, há mais de 2 mil anos a avaliação era utilizada para a contratação de serviços públicos. Na Grécia, ela era responsável pela verificação moral dos candidatos interessados em funções públicas. Embora não se tratasse de avaliações escritas, notamos que a dimensão social pública já galgava interesse nas práticas avaliativas (Dias Sobrinho, 2003).

É nessa dinâmica histórica e social que a avaliação foi criando, paulatinamente, suas raízes no contexto escolar. Assim, vale perguntar: De que forma essas práticas avaliativas, que num primeiro momento são externas à escola, foram adentrando no ambiente educativo, tomando espaço e centralidade nas ações pedagógicas?

Luckesi (2012) pondera que os modelos avaliativos mais usuais no cotidiano educativo – provas e exames – tiveram sua inserção nos contextos educacionais no mundo ocidental a partir do século XVI. Sabe-se que, antes desse período, a educação escolar era realizada, em geral, por um mestre e dois ou três aprendizes. Ao passo que essa educação foi adquirindo outras características, transformando-se em um modelo de ensino no qual um mestre é capaz de ensinar mais que três estudantes, uma problemática começou a emergir (Luckesi, 2012): Como acompanhar a aprendizagem quando se aumenta substancialmente o número de crianças sendo ensinadas pelo mesmo mestre?

Nesse cenário, os exames surgiram como solucionadores do problema, pois um exame poderia ser aplicado a diversas crianças ao mesmo tempo, de forma a mensurar a aprendizagem (Luckesi, 2012). Parafraseando Dias Sobrinho (2003), é na escola que a avaliação encontra seu lugar privilegiado.

A institucionalização da avaliação no contexto escolar passou por diferentes momentos ao longo da história. Autores como Dias Sobrinho (2003) e Fernandes (2009), com base em referenciais como Stufflebeam e Shinkfield (1987), bem como Guba e Lincoln (1989), apontam o processo de amadurecimento que a avaliação percorreu ao longo das últimas décadas.

O primeiro momento histórico, marcado pelo fim do século XIX e as três primeiras décadas do século XX, concebeu a avaliação como medida. Nesse período, as práticas avaliativas eram pautadas na busca de evidências e na elaboração e aplicação de testes. O paradigma positivista foi o grande motriz das avaliações, pois se acreditava que os instrumentos de medida seriam capazes de determinar as diferenças pessoais.

A ciência positivista enxergava na natureza certa regularidade possível de ser identificada. Dessa forma, as técnicas de mensuração poderiam ser utilizadas também para a verificação da aprendizagem. Assim, a avaliação ligada à técnica, ao teste de verificação, à mensuração, à quantificação da aprendizagem e à comparação traduz o papel ao qual se prestavam as práticas avaliativas nesse período. Nesse momento, a avaliação se institucionalizou como sinônimo de *medida*.

O segundo momento foi marcado pela influência de Ralph Tyler, considerado o "pai da avaliação educacional". Tyler foi um dos grandes nomes desse período porque problematizou as práticas avaliativas até então legitimadas nos contextos educacionais. Para tanto, o autor cunhou uma nova perspectiva para as ações avaliativas nesse âmbito: a avaliação por objetivos.

Segundo Tyler, o papel da avaliação é determinar, no fim de um processo, se o estudante é capaz de demonstrar se alcançou ou não determinado objetivo; para isso, deverão ocorrer mudanças comportamentais nesses estudantes em função dos objetivos estabelecidos (Dias Sobrinho, 2003).

Embora o pensamento de Tyler tenha representado um importante avanço ante a perspectiva de avaliação condicionada anteriormente, torna-se frágil ao propor um enfoque avaliativo comportamentalista, definindo comportamentos esperados, sanções e prêmios correspondentes aos resultados (Dias Sobrinho, 2003).

Dias Sobrinho (2003, p. 19) afirma que, nesse momento, a avaliação "se desenvolve claramente de acordo com o paradigma da racionalização científica que caracteriza a pedagogia por objetivos, comprometida com a ideologia utilitarista tão peculiar à indústria".

O terceiro momento que marca a constituição da avaliação no cenário educacional é chamado de *era da inocência* e ocorreu entre 1946 e 1957 (Stufflebeam; Shinkfield, 1987, citados por Dias Sobrinho, 2003). Esse período caracterizou-se pela descrença na avaliação e na própria educação.

Já no quarto momento, entre 1958 e 1972, inaugurou-se uma nova discussão acerca da avaliação educacional, introduzida principalmente por Scriven[1], em 1967. Nesse período, chamado de *realismo*, também podemos dizer que se imbricaram de forma mais tensa currículo e avaliação.

Para tanto, a avaliação ultrapassou a condição utilitária, ou seja, pautada somente no diagnóstico do estudante, passando a contemplar a avaliação dos professores, das escolas, dos conteúdos, das metodologias, das estratégias de ensino e do **currículo** (Dias Sobrinho, 2003).

O período que abarca os anos a partir de 1973 é chamado de *profissionalismo* ou *profissionalização da avaliação* (Dias Sobrinho, 2003). Nesse momento, a intenção dos estudiosos da avaliação era superar o sentido descritivo e diagnóstico dela, dando-lhe novos significados, a saber: julgamento de valor. Também passaram a reconhecê-la como fundamental no processo de ensino-aprendizagem. Todavia, é preciso reconhecer que ela se encontra arraigada às concepções de avaliação pautada em elementos do positivismo, sobremaneira por meio dos instrumentos avaliativos que buscam garantir a objetividade e a neutralidade que se esperaria dela.

Tecidas essas considerações, cabe notar que é nesse cenário que a avaliação educacional foi, paulatinamente, ganhando forma e se institucionalizou na educação "com grande intensidade e

---

1 Michael Scriven é um "filósofo da ciência que muito tem contribuído para o desenvolvimento da teoria da avaliação. Suas três maiores contribuições ao tema foram: o conceito de avaliação formativa-somativa, avaliação sem referência a objetivos e o Modelo de Comparação de Etapas" (Stufflebeam, 1978, p. 102).

com significados particulares", incorporando-se "ao cotidiano de professores, estudantes e escolas de tal forma que é geralmente considerada um patrimônio das instituições educativas" (Dias Sobrinho, 2003, p. 13).

Assim, observamos que, no panorama educativo, a avaliação se legitima mediante duas perspectivas: uma construída sob um viés tradicional e outra num sentido formativo. São essas duas concepções que discutiremos na sequência.

4.1.1 Avaliação tradicional

De modo geral, a avaliação que chamamos de *tradicional* engloba uma gama de outras denominações que se constroem com base em pressupostos semelhantes, a saber: *avaliação normativa, avaliação somativa, avaliação diagnóstica, avaliação classificatória, avaliação quantitativa, avaliação certificativa* etc.

Autores como Luckesi (2008), Hoffmann (2007a, 2007b, 2008, 2009), Villas Boas (2011, 2012, 2013), Afonso (2000) e Freitas et al. (2012) têm se debruçado em estudos sobre a avaliação, tecendo diversas críticas a esse modelo, confrontando-o com uma perspectiva de cunho mais formativo.

Tendo essas considerações iniciais como ponto de partida, propomos realizar uma cartografia de como o fenômeno da avaliação está inserido nas práticas escolares. Entretanto, entendemos que não é possível fazê-lo sem levar em conta a natureza social em que ela emerge.

A avaliação inscreve-se sempre numa relação social, em que de um lado está o avaliador e do outro o avaliado. Nesse sentido, Afonso (2000) assevera que as práticas avaliativas inseridas nos contextos educativos são indicadoras da relação que se estabelece entre a escola e a sociedade. Em outras palavras, ela se organiza em função de uma concepção pedagógica, que, por sua vez, se relaciona com um paradigma educacional, o qual está a serviço de um modelo social. No que se refere à avaliação na perspectiva tradicional, ela acaba por estar a trabalho da burguesia.

Historicamente, o proletariado, ao ascender socialmente, encontrou na avaliação educacional um caminho para a manutenção de seu poder e do controle sobre as classes operárias.

Caminhando nesse sentido, a avaliação legitima as relações de poder entre a burguesia e a classe trabalhadora.

Afonso (2000, p. 20) ressalta que

> a relação professor-aluno, enquanto relação avaliador-avaliado, é vivida como uma relação de poder na medida em que a avaliação é compulsória, tem consequências importantes para a vida escolar e pós-escolar dos alunos e impõe unilateralmente uma determinada grelha de interpretação da realidade que faz com que a relação entre avaliador e avaliado seja vivida como uma relação de dominação.

A arbitrariedade adotada nessas práticas influencia paulatinamente a vida do estudante. Segundo Perrenoud (1999, p. 54, grifo do original), "o professor sabe que as notas e as apreciações que faz terão uma **influência decisiva** sobre o futuro do aluno".

Aliás, a nota diz muita coisa sobre essa perspectiva de avaliação! Ela funciona como um alerta para os estudantes e as famílias. Para os estudantes, ela avisa sobre o esforço despendido ou não e os alerta de que, se não mudarem de atitude, não alcançarão o sucesso almejado. Para os pais, aciona a atenção para o fato de que seus filhos podem ser aprovados ou reprovados.

Todavia, a nota não desempenha somente esse papel. É ela que define se um estudante é bom ou mau, se passa de ano ou não passa. É por meio dela que também se estabelecem os sistemas de ranqueamento. Assim, podemos dizer que a nota, na perspectiva tradicional, serve para **classificar** e **certificar** os estudantes.

Por fim, a avaliação na perspectiva tradicional acaba por desempenhar uma função estática e fragmentada em relação ao ensino e exaurida de sentido. Desse modo, classificam-se sujeitos sociais e históricos, que se desenvolvem em tempos e espaços diferentes, por meio de padrões e tempos preestabelecidos, determinados por uma escala numérica, mediada por uma visão homogênea de homem e desenvolvimento.

Nesse contexto, legitima-se a ideia de classificar o estudante como inferior, médio ou superior, bom, regular ou péssimo, atribuindo a ele algum dado numérico que pode ser somado e dividido, resultando em médias finais. Na realidade, o resultado da aprendizagem acaba por se tornar a soma das partes de determinado conhecimento.

No campo da perspectiva tradicional, as funções assumidas pela avaliação têm sido as de averiguação da competência acadêmica; promoção da competição entre estudantes e escolas; seleção, manutenção e exclusão do aprendiz; reforço das divisões de classes existentes na sociedade; e disciplinamento do comportamento dos estudantes (Afonso, 2000).

É nesse movimento que a escola cria o que Perrenoud (1999, p. 11) chama de *hierarquias de excelências*, ou seja, "os alunos são comparados e depois classificados em virtude de uma norma de excelência, definida no absoluto ou encarnada pelo professor e pelos melhores alunos". Cada hierarquia representa um grau de sucesso ou fracasso alcançado pelo estudante. Na abordagem tradicional, a avaliação se constitui em um **mal necessário**, porque determina o lugar que cada estudante ocupa no contexto educacional.

As hierarquias de excelência são imprecisas, determinadas por um jogo avaliativo. Esse jogo envolve o que o professor define como hierarquia, como a escola influencia nas escolhas dos domínios hierárquicos e nas decisões que são tomadas no decorrer do próprio processo de criação de hierarquias.

Partindo-se dessa lógica, as relações estabelecidas entre ensino e aprendizagem têm sido pautadas num valor de troca. O estudante realiza um trabalho avaliativo que é trocado por uma classificação, um grau, um certificado ou diploma. Ou seja, o aprendizado não é para o aprendiz, mas para ser mostrado a alguém. "O conhecimento vira mais uma mercadoria" (Freitas et al., 2012, p. 22).

Nesse cenário, a avaliação tem sido concebida no imaginário social como "práticas repetidas de exames externos que geram medidas, que viram notas que se transformam em signos que se distribuem em mapas que permitem comparar, selecionar e, eventualmente, excluir pessoas e instituições" (Sordi; Ludke, 2009, p. 315).

O caminho que a avaliação tradicional assumiu passa a ser incorporado pela sociedade como um processo classificatório e meritocrático, cujo discurso sentencioso é claro: o estudante que tirou boa nota conseguiu isso porque merece, porque se esforçou para chegar lá; já os que foram excluídos nesse processo não se esforçaram o suficiente. Esse discurso está impregnado na sociedade de maneira que atualmente diversas reportagens buscam mostrar pessoas de condições socioeconômicas desfavoráveis que obtiveram sucesso acadêmico e profissional somente por seu esforço e merecimento.

Outra característica representativa da avaliação nos moldes tradicionais é sua natureza controladora. Esse controle se manifesta no trabalho educativo, nas atividades escolares, nas relações de autoridade e nas relações que se estabelecem entre a família e a escola. Esta última controla também a ausência ou a presença dos pais ou responsáveis na escola.

Além disso, a escola desempenha o papel de controle de comportamentos, ou seja, ela desenvolve "ações disciplinares para manter a ordem na sala de aula e na escola, bem como as avaliações de valor e de atitudes" (Freitas et al., 2012, p. 24), formando o chamado *tripé avaliativo*, composto pelas avaliações disciplinar, atitudinal e instrucional.

A **avaliação disciplinar** refere-se ao controle que o professor exerce sobre o contexto educativo, a sala de aula e os estudantes, utilizando, em geral, a nota ou a prova como forma de corrigir comportamentos inadequados. A **avaliação atitudinal** é o manejo de atitudes e valores agregados ao contexto escolar. Já a **avaliação instrucional** diz respeito à verificação da instrução ministrada, normalmente de forma somativa e ao final de um processo.

Na avaliação tradicional, o que determina, por exemplo, se o estudante vai passar de ano ou não são suas atitudes e seus comportamentos. Em muitos casos, pouco importa se houve aprendizado ou não, o que vale é a forma como o sujeito se comportou. "A avaliação é, assim, nessa concepção, um valioso instrumento para regulação do conhecimento e das formas de adquiri-lo; mais do que isso, define os comportamentos desejados, controla os seus cumprimentos e aplica sanções ou prêmios correspondentes aos resultados" (Dias Sobrinho, 2003, p. 19).

Não obstante, observamos que essas questões ainda estão arraigadas nas práticas escolares, sobretudo quando se fala da valoração dos bons alunos, fomentada por meio de menções honrosas aos que obtiveram boas notas e outros tipos de premiações aos que se destacam.

É comum adentrarmos em escolas em que a primeira coisa que se enxerga são os *rankings* dos melhores estudantes. Em geral, as escolas acreditam que assim os estão mobilizando para que corram atrás de bons resultados. Todavia, isso acaba mais por reforçar a lógica mercadológica do conhecimento e da avaliação.

Nessa esteira, costuma-se associar o castigo e o prêmio como forma de provocar ou acelerar a aprendizagem (Villas Boas, 2011). Para Luckesi (2008), o castigo aparece na avaliação tradicional subjugado ao erro. Quando a conduta de um sujeito não está correspondendo ao que se espera dele ou ao que está preestabelecido, a forma de provocar alguma mudança nele é o castigo. Desse modo, entende-se que o sujeito só assumirá o comportamento correto pagando pelo seu erro, ou seja, sendo castigado.

No que se refere aos modelos de avaliação, Afonso (2000) destaca três modalidades avaliativas enraizadas na lógica tradicionalista: os **exames tradicionais**, que, para o autor, são "uma técnica de certificação para medir com pretensa objetividade (e atestar juridicamente) um nível determinado de qualificação" (Afonso, 2000, p. 30); os **quocientes de inteligência** e os **testes educacionais**, que emergem num momento em que a racionalidade e o positivismo estão em seu apogeu, questionando os próprios exames tradicionais, vistos como subjetivos, e propondo então a realização de testes de caráter objetivo; a **avaliação normativa**, que diz respeito às avaliações em larga escala, cujo enfoque está em dados quantitativos (sobretudo aqueles que concernem ao domínio cognitivo e instrucional), orientando suas ações para os princípios de competição e comparação.

Contrapondo esses elementos apresentados com a concepção de avaliação em que se organizam os sistemas de ensino atualmente, percebemos que o discurso sobre educação pauta-se num currículo em que sejam valorizadas as individualidades, a dignidade humana e a formação crítica; em que a avaliação seja entendida como um processo contínuo de investigação das aprendizagens. Entretanto, o que ocorre no cenário educacional é uma avaliação atrelada à concepção de que diferentes sujeitos devem desenvolver suas aprendizagens no mesmo espaço-tempo, regido por normas e critérios padronizados.

Um caso que pode nos ajudar a compreender essa questão são os exames e testes estandardizados. Alguns desses testes têm o papel de investigar a qualidade educacional dos sistemas de ensino e das instituições. Assim, cabe a pergunta: Investigar a qualidade para quê? De forma mais simplista, visto que essa discussão é muito mais complexa, podemos dizer que investigamos a qualidade para melhorar algo tendo em vista um projeto de equidade.

A prova e os exames estandardizados trazem em seu bojo essa ideia de equidade. Acredita-se que, ao se proporem as mesmas questões, no mesmo tempo e nas mesmas condições para todos, confere-se aos sujeitos avaliados o *status* de igualdade – aliás, uma falsa igualdade –, "como se houvesse razões para pensar que as aprendizagens podem ser sincronizadas" (Perrenoud, 1999, p. 72).

Além disso, nessa lógica, busca-se avaliar desempenhos individuais mediante questões padronizadas. A avaliação converge, então, para a homogeneização de sujeitos e a regulação de comportamentos, segundo um raciocínio que revela as próprias contradições da escola entre "articulação da seleção e da formação, do reconhecimento e da negação das desigualdades"(Perrenoud, 1999, p. 10).

Logo, problematiza-se como superar tal obscurantismo no contexto educacional. Assim, a avaliação gerada numa relação dialética e dialógica, abrangendo todo o processo, desde a construção de um planejamento até a participação de todos os sujeitos envolvidos, pode superar essas relações dicotômicas. Outra questão que se impõe numa dinâmica avaliativa tradicional é o mecanismo de comparação entre sujeitos de um mesmo grupo, "o que lhe confere uma natureza intrinsecamente selectiva e competitiva" (Afonso, 2000, p. 34).

Notamos que, desde muito cedo, as crianças são imersas nos valores seletivos e competitivos. As escolas, muitas vezes, estabelecem *rankings* de notas entre turmas, entre turnos e entre os próprios estudantes, valorizando a competição acirrada entre eles. Desse modo, a avaliação tem ficado a serviço de um modelo social que mais exclui do que inclui seus sujeitos.

De maneira geral, na avaliação tradicional, utilizam-se os dados observáveis e os produtos visíveis como forma de sistematização. Eles podem ser medidos e quantificados por meio de provas e testes homogeneizados, devidamente construídos com base em pareceres técnicos e metodológicos. Entretanto, cabe perguntar: A avaliação construída por intermédio do olhar do outro conseguirá estar amparada pela objetividade que se espera? Hoffmann (2007b) diz que não. Para essa autora, os dados observáveis e os produtos visíveis não terão um rigor técnico esperado sob o ponto de vista de que o sujeito que constrói o contexto avaliativo coloca-se, evidencia-se, produz a própria interpretação sobre os elementos a serem avaliados.

Ademais, a forma de interpretação dos testes, sobretudo os dissertativos, é marcada pelo domínio do examinador sobre o assunto e sua forma pessoal de interpretar os critérios de correção. Hoffmann (2007b, p. 15) complementa afirmando que nem mesmo a nota tem toda a confiabilidade esperada, pois "não é o aluno que alcança um conceito, que tira uma nota ou que é responsável absoluto pelos pareceres que lhe conferem"; quem lhe atribui a nota, o **ponto a mais** ou o **ponto a menos**, é o professor, portanto, é de se esperar que sempre estará implicada a forma de interpretação do docente sobre a aprendizagem. Ou seja, a avaliação nunca será algo neutro e objetivo, uma vez que a subjetividade de quem avalia estará sempre permeando as ações avaliativas.

Então, como superar a questão da nota num sistema educacional que exige um dado, uma medida, geralmente numérica, acerca da aprendizagem? Entendemos, nesse sentido, que essa nota deve ser analisada numa perspectiva formativa, sendo o fim último a reversão para a própria aprendizagem do estudante, e não algo punitivo e autoritário, com fins classificatórios e certificativos. Contudo, assumimos que é difícil coadunar avaliação formativa e tradicional no mesmo espaço-tempo. Isso se coloca como um desafio a ser enfrentado no contexto educativo!

Ademais, a avaliação construída no alicerce tradicional estabelece uma relação temporal com o processo de aprendizagem.

> O tempo assim é entendido como uma sequência preestabelecida que os alunos deverão vivenciar, seguindo um paradigma de deslocamento, ou seja, como a ultrapassagem de uma série de pontos que vão sendo preenchidos, uma série de momentos que são previstos como necessários ao trajeto. Dessa forma, analisa-se a aprendizagem do estudante levando-se em conta a agregação ou o acúmulo de conhecimentos, o seu desenvolvimento em um rol de atividades, enfim, o cumprimento de uma rotina escolar. As disciplinas e as tarefas escolares são programadas em termos de uma sequência que deve ser cumprida rigorosamente e só ela irá garantir a aprendizagem. (Hoffmann, 2007b, p. 28)

O tempo acaba sendo o motor das práticas avaliativas: estabelece-se um tempo para a criança aprender (em um padrão definido pela média em que a maioria aprende); limita-se um tempo para realizar provas e demonstrar suas aprendizagens (de modo geral, acontece no tempo final de um conteúdo/objetivo); delimita-se a evolução do conhecimento de modo temporal (etapas que se somam e no fim geram uma média).

Sobre esse lócus não se considera "a relação entre uma tarefa e outra, um bimestre e outro, uma série e outra da vida escolar" (Hoffmann, 2007b, p. 30). As atividades pedagógicas e avaliativas acabam sendo estanques, encerradas em si mesmas.

Levando em consideração os aspectos apresentados sobre a avaliação tradicional, autores como Luckesi (2008), Perrenoud (1999), Hoffmann (2007a, 2007b), Villas Boas (2011, 2012, 2013) e Fernandes (2009) propõem uma dimensão avaliativa ora mais prescritiva, ora mais descritiva, diferente da que está posta, isto é, de cunho formativo.

Cotejando-se a avaliação tradicional com a própria etimologia da palavra *avaliação*, é possível tencionar o sentido que se vem dando a ela. A palavra é originária do latim (prefixo *a* e verbo *valere*) e significa **dar valor a, emitir um julgamento de valor**. Podemos entender que *dar valor* é valorizar algo, revelar a essência desse algo, e não quantificar um conceito mensurável – tampouco dar uma nota a ele – ou regular comportamentos. Trata-se de uma ação que vai além de procedimentos e instrumentos, "que abrange o cotidiano do fazer pedagógico e cuja energia faz pulsar o planejamento, a proposta pedagógica e a relação entre todos os elementos da ação educativa" (Hoffmann, 2008, p. 17). É por esse ponto de vista que se orienta a avaliação formativa.

4.1.2 Avaliação formativa

Conforme mencionamos na introdução deste capítulo, o termo *avaliação formativa* foi cunhado por Scriven na busca de ampliar o conceito de avaliação e como crítica ao modelo de objetivos proposto por Tyler. Um dos principais conceitos elaborados por Scriven foi quanto à função da avaliação: a **formativa**, que servia para problematizar o currículo, isto é, avaliar o currículo tendo em vista sua melhoria; e a **somativa**, que servia "para julgar o valor dos currículos após terem sido elaborados e colocados no mercado" (Stufflebeam, 1978, p. 105). A avaliação formativa, na visão de Scriven, era necessária na elaboração do currículo porque tinha o papel de fornecer informações que realimentassem e melhorassem o desenvolvimento de um produto (Stufflebeam, 1978).

Percebemos que, nesse momento, a avaliação formativa era ainda vinculada ao currículo, e não ao estudante. Foi Bloom[2] o autor que passou a problematizar a construção de uma avaliação formativa na perspectiva do estudante. Todavia, a avaliação concebida como formativa para esses autores, embora representasse um significativo avanço, ainda estava arraigada a elementos de uma lógica avaliativa tradicional. Assim, ao longo das décadas, desde os princípios da avaliação tradicional, passando pelos esforços iniciais com a avaliação formativa até os dias atuais, houve uma evolução.

Nesse cenário, vários autores, no decorrer dos últimos anos, têm se debruçado sobre a discussão do tema, designando outras conceitualizações para a avaliação que está no bojo formativo, como *avaliação formativa alternativa* (Fernandes, 2009) e

---

2 Benjamin Bloom foi um autor e pesquisador do campo da educação que se dedicou aos estudos do desenvolvimento intelectual. Entre suas produções, uma das que ganharam notoriedade foi *Taxonomy of Educational Objectives*, em que o autor propôs uma organização de objetivos educacionais nas áreas afetiva e cognitiva, compondo um quadro de referência para o ensino.

avaliação formadora (Nunziati, 1990). No Brasil, Villas Boas (2011) afirma que as conceitualizações *avaliação mediadora* (Hoffmann, 1993), *emancipatória* (Saul, 1995), *dialógica* (Romão, 1998), entre outras, também se inserem no âmbito formativo.

Em suma, independentemente da modalidade da avaliação e das particularidades inerentes a cada uma das conceitualizações, os autores concordam que ela tem o papel de auxiliar professores e estudantes na tomada de decisões, tendo como fim último a avaliação para a aprendizagem. É sob esse prisma que vamos olhar a avaliação a partir de agora.

4.1.2.1 Afinal, o que é avaliação formativa?

Ao iniciarmos este tópico com uma pergunta, entendemos que não é tão fácil assim respondê-la. Mas um caminho para encontrarmos a resposta a essa questão é conceber a avaliação formativa como aquela que está a serviço do estudante, do professor e do desenvolvimento da escola e que busca compreender não somente o que o estudante já sabe, mas, mediante a interpretação do que ele sabe ou não sabe, procura remediar situações didáticas que favoreçam sempre o aprendizado. Ou seja, a avaliação formativa está para além da concepção de avaliação **da** aprendizagem; ela diz respeito muito mais à avaliação voltada **para** a aprendizagem.

Como já observamos, toda e qualquer avaliação tem em sua natureza a regulação. No caso da avaliação formativa, ela vai regular as estratégias que oportunizem o aprendizado, a própria aprendizagem e o trabalho docente. Diferentemente da avaliação tradicional, que cria hierarquias de excelência determinadas por padrões de comportamento, desenvolvimento e aprendizagem esperados, na avaliação formativa o ponto de partida é o próprio estudante, isto é, ele é o centro do processo avaliativo.

Ao estabelecer critérios e objetivos de aprendizagem, o professor toma como referência o ponto em que o estudante estava até o ponto a que chegou. Isso torna o ensino mais individualizado; assim, aqueles que, na avaliação tradicional, seriam classificados como inferiores, na avaliação formativa, terão seus esforços e avanços reconhecidos.

Ao tomar o estudante como centro do processo, a análise de suas aprendizagens leva em conta seu esforço individual, o contexto de seu trabalho e sua própria aprendizagem (Villas Boas, 2013). Portanto, não se avalia o estudante fora do contexto em que aconteceu todo o trabalho pedagógico.

A construção da avaliação no viés formativo apresenta algumas características peculiares e que, podemos dizer, tornam a avaliação formativa. Com base nas ideias apresentadas por Villas Boas (2011, 2012, 2013), podemos caracterizar a avaliação formativa da seguinte forma:

- É um processo que precisa ser planejado cuidadosamente, envolvendo sempre diferentes atividades e procedimentos avaliativos. É importante ter claro que os estudantes se manifestam por meio de diferentes linguagens; portanto, possibilitar a expressão do conhecimento por meio de procedimentos diversos qualifica o processo.

- Não é de uso exclusivo de professores, devendo ser do conhecimento do estudante também. Ou seja, o estudante precisa ter consciência de seu processo de aprendizagem. O acesso aos dados produzidos pela avaliação precisa estar disponível ao estudante.

- Sendo ela um processo, ocorre durante toda a atividade docente, motivo pelo qual os registros avaliativos e os dados de aprendizagem gerados são sempre provisórios, uma vez que somos seres em permanente aprendizado e desenvolvimento.

- Propicia *feedback* das aprendizagens e do desenvolvimento aos professores e aos estudantes com vista à promoção de ajustes nas práticas educativas.

- É conduzida pelo professor, mas tem o estudante como centro do processo.

- Os erros fornecem informações diagnósticas.

Além disso, a avaliação formativa "leva em conta o progresso individual, o esforço nele colocado [...], em outras palavras, não é inteiramente baseada em critério" (Villas Boas, 2011, p. 20).

Em contraposição ao modelo tradicional, a avaliação formativa tem no erro uma fonte de informações sobre o estudante e seu desenvolvimento. Com base nesse princípio, o erro não é visto como elemento de exclusão e castigo ou como forma de menosprezar as tentativas da criança, mas como uma parte importante no processo. O erro dá pistas para que se possa compreender em que ponto está a aprendizagem. O erro consiste em hipóteses que o estudante faz do conhecimento que está em processo de construção (Hoffmann, 2007b).

Tendo o erro como fonte de informação, a avaliação na perspectiva formativa tem o papel de agir na zona de desenvolvimento proximal, que é a distância entre o nível de desenvolvimento real – isto é, aquilo que a criança já sabe – e o nível de desenvolvimento potencial – que diz respeito aos problemas que a criança soluciona com o auxílio do outro (Vigotski, 2007).

Traduzindo isso para a avaliação formativa, podemos afirmar que a zona de desenvolvimento real é o ponto de partida, ou seja, de onde o professor iniciará a construção do processo de avaliação. O nível de desenvolvimento potencial corresponde àquilo que a criança ainda não resolve sem o auxílio de um adulto ou de outra criança, mas representa uma habilidade cujo processo de aquisição já foi desencadeado. Dessa maneira, o erro pode revelar se a criança está no caminho de aprendizagem de determinado conhecimento, isto é, na zona de desenvolvimento proximal, ou se determinado conhecimento está longe de seu processo de maturação, fazendo-se inadequado naquele momento. Nesse sentido, o papel do professor nesse processo é identificar em que ponto da aprendizagem o estudante se encontra e, paulatinamente, agir sobre ele.

Com essas considerações, podemos afirmar que a avaliação formativa é, em sua natureza, uma fonte de **regulação da aprendizagem**, que age na zona de desenvolvimento proximal e exerce papel importante na individualização do ensino e na forma de ajustar as ações pedagógicas. Mas o que é regulação da aprendizagem? Perrenoud (1999, p. 90) a considera como "o conjunto de operações metacognitivas[3] do sujeito e de suas interações com o meio que modificam seus processos de aprendizagem no sentido

---

3 Metacognição é o "processo mental interno pelo qual uma pessoa toma consciência dos diferentes aspectos e momentos da sua atividade cognitiva" (Villas Boas, 2013, p. 54).

de um objetivo definido de domínio". O autor assevera que não haverá regulação se não houver uma meta, um propósito a se atingir, ou seja, ela ocorre tendo em vista o futuro, cuja ação é o julgamento para a mudança ou a permanência no estado em que está. Cabe ressaltar que ela não está subordinada a um critério, mas valoriza tarefas mais complexas e desafiadoras no sentido de impulsionar os processos metacognitivos.

As atividades de regulação da aprendizagem podem ser externas ou internas. Por exemplo, o *feedback* é uma regulação externa, mas que provoca no sujeito da aprendizagem uma ação autorreguladora, que é interna. Assim, as atividades reguladoras internas e externas são indissociáveis umas das outras.

Podemos citar três ações reguladoras da aprendizagem que se coadunam com os pressupostos da avaliação formativa: o *feedback*, a autoavaliação e a autorregulação. O *feedback* é o motor que move a engrenagem composta por avaliação, ensino e aprendizagem. As informações geradas por meio da avaliação serão inúteis se sobre elas não forem tomadas decisões; tampouco produzirão significados se não forem apropriadas pelo próprio sujeito da aprendizagem: o estudante.

Dessa maneira, o *feedback* tem justamente o papel de informar "ao próprio aluno, quão bem-sucedido ele foi no desenvolvimento do seu trabalho" (Villas Boas, 2013, p. 39), possibilitando ao estudante e ao professor a reorganização do trabalho pedagógico. Nesse caminho, o *feedback* informa a distância entre o nível de conhecimento em que a criança se encontra e o nível que se estabelece como referência (Ramaprasad, citado por Villas Boas, 2013). Ele só faz sentido se for utilizado para reduzir essa distância. Caso contrário, se forem apenas informações entregues a pessoas que não estão na situação da aprendizagem, como os pais, ou se for somente uma nota inserida no sistema, por exemplo, numa ação que não pode ser transformada, os dados serão inúteis.

Partindo dessa lógica, alguns poderiam pensar: ora, se o *feedback* é a devolutiva dos dados gerados, a nota ou o conceito devolvido aos estudantes se tornaria uma ação de *feedback*. Todavia, cabe problematizar: O que exatamente diz a nota ou o conceito para o estudante? É provável que apenas devolver a nota ao estudante não diz nada além de alertá-lo para as consequências de seu não aprendizado ou então serve somente para enaltecer aqueles que se encaixam nos padrões normativos estabelecidos. Portanto, o *feedback*, na perspectiva da avaliação formativa, deve estar para além de informações vazias; ele precisa gerar referências para que o estudante consiga mobilizar ações diante das situações de insucesso.

Por sua vez, a **autoavaliação** "refere-se ao processo pelo qual o próprio aluno analisa continuamente as atividades desenvolvidas e em desenvolvimento, registra suas percepções e seus sentimentos e identifica futuras ações, para que haja avanço na aprendizagem" (Villas Boas, 2013, p. 51). Na perspectiva da avaliação formativa, a autoavaliação tem o papel de conduzir à prática reflexiva do estudante, ajudando "o aluno a perceber o próximo passo do seu processo de aprendizagem" (Villas Boas, 2013, p. 52).

Podemos dizer que a autoavaliação é a tomada de consciência, pelo estudante, da forma como está sendo seu processo de aprendizagem. É ela que dá condições para que o aluno continue avançando em suas aprendizagens, pois é com base no reconhecimento do "eu" na aprendizagem que ele poderá agir nela e sobre ela.

Essa ação dos estudantes em suas aprendizagens é considerada **autorregulação**, definida como as "capacidades do sujeito para gerir ele próprio seus projetos, seus progressos, suas estratégias diante das tarefas e dos obstáculos" (Perrenoud, 1999, p. 97). Parafraseando Perrenoud (1999), podemos afirmar que toda atividade de aprendizagem é, em última instância, um processo de autorregulação. Desse modo, percebemos que, para que haja autoavaliação e autorregulação, é necessário que o ambiente educativo seja cultivado pela autonomia, porque esta é exigida do sujeito avaliado, caso contrário, elas não ocorrerão.

Nesse cenário, o professor exerce papel central nos processos de regulação, pois, de certa forma, o ambiente educativo e as deliberações nas ações avaliativas são decisões e escolhas dele. Além disso, ele será um dos grandes responsáveis pela regulação da atividade que resulte na regulação da aprendizagem.

Logo, o modo como o professor conduz suas práticas avaliativas se inscreve numa avaliação formal ou informal. De forma geral, esses procedimentos de avaliação podem estar a serviço de uma avaliação tradicional ou de uma avaliação formativa.

A **avaliação formal** diz respeito a todos os procedimentos avaliativos que os estudantes têm consciência de que estejam ocorrendo, ou seja, ela é mais explícita e normativa. Nesse caso, os estudantes sabem quando e como serão avaliados. Geralmente, está vinculada a provas, testes, trabalhos, tarefas de casa etc. Ela integra tanto a avaliação tradicional, por meio das práticas classificatórias e meritocráticas, sendo seu fim último a medida, quanto a avaliação formativa, quando gerida em favor da aprendizagem.

Já a **avaliação informal** trata dos "juízos de valor invisíveis e que acabam por influenciar os resultados das avaliações finais e são construídos pelos professores e alunos nas interações diárias" (Freitas et al., 2012, p. 27). Essas avaliações de cunho informal têm forte influência sobre a avaliação formal, tal como podemos observar nos discursos sobre aprovação ou reprovação dos estudantes. Um exemplo disso são as histórias de estudantes que ficam retidos numa mesma série não porque não conseguiram aprender, mas porque seus comportamentos e suas atitudes são julgados inadequados.

Entretanto, a avaliação informal pode ser usada em benefício da aprendizagem da criança, ou seja, de modo formativo e não tanto para a disciplinarização de comportamentos. Segundo Freitas et al. (2012, p. 29), "o problema de fundo diz respeito a como o juízo que o professor faz do aluno afeta suas práticas em sala de aula e sua interação com este aluno".

Portanto, esses juízos de valor emitidos de forma mais positiva tendem a contribuir para a regulação da aprendizagem em benefício da criança e do próprio processo pedagógico.

> A avaliação informal se dá pela interação de estudantes com professores, com os demais educadores que atuam na escola e até mesmo com os próprios estudantes, em todos os momentos e espaços do trabalho escolar. Ela é importante, porque dá chances ao professor de conhecer mais amplamente cada estudante: suas necessidades, seus interesses, suas capacidades. Quando um estudante mostra ao professor como está realizando uma tarefa ou lhe pede ajuda, a interação que ocorre é uma prática avaliativa,

> isto é, o professor tem a oportunidade de acompanhar e conhecer o que o aluno já aprendeu e o que ainda não aprendeu. (Villas Boas, 2011, p. 36)

Desse modo, a avaliação informal também é uma importante fonte de dados que, conjugada à avaliação formal, traz informações fundamentais para a aprendizagem dos estudantes e o desenvolvimento do ensino, aproximando professores e alunos por meio do diálogo e do respeito aos limites de cada um.

Em suma, com base nas considerações até aqui apresentadas, concluímos que: avalia-se para conhecer o estudante, seu desenvolvimento, seus avanços e suas conquistas; avalia-se para estabelecer uma relação de troca com o outro, não no sentido mercadológico, mas de interação nas relações sociais, pois, na avaliação, tanto o estudante quanto o professor podem aprender! Ambos aprendem a lidar melhor com situações cotidianas do fazer pedagógico, a refletir teoricamente sobre aquilo que foi avaliado. Portanto, avalia-se para compreender como foi o processo de *ensinagem*[4]. Assim, a avaliação na perspectiva formativa estabelece entre os sujeitos avaliadores e avaliados uma relação de mão dupla.

Finalizando esta parte do texto, você, leitor, pode estar pensando: Qual é mesmo a relação que a avaliação tem com o currículo? Ao retomarmos a discussão do primeiro capítulo acerca das teorias do currículo, temos uma concepção em especial que nos ajuda a traduzir essa relação.

Em geral, educadores, pesquisadores e sistemas de ensino são unânimes em assumir que a avaliação deve ser pautada numa perspectiva **formativa**. Parece até uma esquizofrenia acadêmica afirmar o contrário. Todavia, as pesquisas também têm mostrado que existe um hiato entre o que se fala e o que se faz a respeito da avaliação.

---

[4] "Termo adotado para significar uma situação de ensino da qual necessariamente decorra a aprendizagem, sendo a parceria entre professor e alunos condição fundamental para o enfrentamento do conhecimento, necessário à formação do aluno durante o cursar da graduação" (Anastasiou, 2007, p. 20).

O que exatamente estamos querendo dizer com isso? Os currículos escolares são construídos tomando-se como referência as práticas avaliativas sustentadas numa lógica formativa; entretanto, no cotidiano educativo, o que se vê frequentemente são práticas avaliativas arraigadas num fazer tradicional, ou seja, há um currículo oculto em ação. Mudar essa situação é um convite a todo professor.

4.2 Avaliação e currículo: dimensão técnica

Avaliar implica o estabelecimento de uma dimensão técnica. Quando falamos em *técnica*, não estamos nos referindo a aspectos mecânicos, isto é, a técnica em seu estado bruto. Ao enunciarmos a dimensão técnica entre avaliação e currículo, queremos tratar do procedimento, quer dizer, dos saberes e fazeres da avaliação.

É comum vir à nossa mente, quando falamos em *avaliação*, aquela que ocorre cotidianamente nas salas de aula; no entanto, ela engloba um sistema mais complexo. Podemos encontrar, então, três níveis de avaliação educacional: avaliação de sistema, avaliação institucional e avaliação da aprendizagem.

Como forma de organização didática, apresentaremos cada uma separadamente; porém, é necessário ressaltar que elas precisam estabelecer entre si uma relação simbiótica, uma vez que uma não tem sentido sem a outra.

4.2.1 Avaliação da aprendizagem

A avaliação da aprendizagem refere-se àquela que ocorre cotidianamente nas instituições educativas. Ela é o motor da engrenagem que move o planejamento e o currículo das escolas.

De acordo com o art. 24, Seção I, Capítulo II, da Lei de Diretrizes e Bases da Educação Nacional (LDBEN) – Lei n. 9.394, de 20 de dezembro de 1996 (Brasil, 1996) –, esse nível representativo da avaliação educacional deve atender às seguintes orientações na educação básica, níveis fundamental e médio:

> Art. 24 [...]
> V – a verificação do rendimento escolar observará os seguintes critérios:
> a) avaliação contínua e cumulativa do desempenho do aluno, com prevalência dos aspectos qualitativos sobre os quantitativos e dos resultados ao longo do período sobre os de eventuais provas finais;
> b) possibilidade de aceleração de estudos para alunos com atraso escolar;
> c) possibilidade de avanço nos cursos e nas séries mediante verificação do aprendizado;
> d) aproveitamento de estudos concluídos com êxito;
> e) obrigatoriedade de estudos de recuperação, de preferência paralelos ao período letivo, para os casos de baixo rendimento escolar, a serem disciplinados pelas instituições de ensino em seus regimentos. (Brasil, 1996)

Considerando as bases legais da avaliação da aprendizagem, podemos entender que a avaliação não se dá num momento único. Sendo ela contínua, não ocorre somente no fim da abordagem de um conteúdo ou no fim de um bimestre. Ela contempla diferentes momentos, espaços e sujeitos envolvidos no processo.

A avaliação contínua e cumulativa do desempenho do estudante implica também a possibilidade de o sujeito demonstrar suas aprendizagens em diferentes momentos e contextos, por meio de outras linguagens e da multiplicidade de instrumentos/procedimentos avaliativos.

Segundo o dicionário *Priberam* (2024), *procedimento* também é processo, isto é, sucessões de ações que visam chegar a um determinado resultado; portanto, a dimensão técnica da avaliação diz respeito aos procedimentos (processos) adotados pelos docentes, tendo em vista a compreensão da qualidade e do sucesso de uma intenção educativa. Trazendo a relação entre processo e procedimento para o âmbito da avaliação da aprendizagem, podemos considerar que essas sucessões de ações acarretam o uso de diferentes instrumentos de avaliação.

Hoje em dia, é possível encontrar na literatura sobre a avaliação, nos projetos político-pedagógicos (PPPs) e no cotidiano educativo diferentes formas e instrumentos de avaliação. Também fica evidente que a prova é o componente mais utilizado para avaliar a aprendizagem. Aliás, cabe lembrar que, por um bom tempo, ela foi vista como a vilã da avaliação – principalmente porque representava (e ainda pode representar) a legitimação e a institucionalização da avaliação pautada numa concepção tradicional.

Todavia, a prova, assim como qualquer outro instrumento, pode ser um componente da avaliação pertencente ao âmbito formativo ou ao âmbito tradicional. O que determinará a concepção segundo a qual se construirá a avaliação será o uso que o docente ou a instituição fará dela (Villas Boas, 2012). Em outras palavras, quem dará o teor conceitual da avaliação será sempre quem faz o uso dela.

Assim, todo e qualquer instrumento de avaliação pode ser usado na promoção das aprendizagens. Nesse caso, vale mencionar alguns que estão além daqueles comumente encontrados nos contextos educativos, a saber: portfólio, pauta de observação, memorial e mapa conceitual.

O **portfólio** é um instrumento avaliativo utilizado, sobretudo, na educação infantil, mas que pode ser utilizado em qualquer nível de ensino. Etimologicamente, a palavra *portfólio*, originária do italiano *portafoglio*, significa "levar", "carregar" (*porta*) e "folha de papel" (*foglio*). Numa busca rápida na internet, vemos que, atualmente, o portfólio é usado principalmente por profissionais e empresas que recorrem a esse instrumento como forma de demonstrar seus trabalhos.

Na educação, ele pode assumir papel substancial caso seja utilizado numa perspectiva formativa. É importante ressaltar que o portfólio, na educação, não se constitui somente em uma sucessão de trabalhos arquivados em uma pasta única. Ele está para além dessa concepção, assumindo o papel de acompanhar o processo de desenvolvimento e aprendizagem dos estudantes. Portanto, não se trata de colocar em uma pasta atividades que ocorrem em fevereiro, abril, junho etc., como numa sequência cronológica, mas atividades que marquem o processo de apropriação do conhecimento dos estudantes.

Para tanto, o portfólio exige a participação dos próprios estudantes na escolha dos trabalhos que serão nele inseridos.

Isso dará condições para que eles tomem consciência das próprias aprendizagens. Outro aspecto importante é que o professor realize comentários acerca de suas percepções da aprendizagem e do desenvolvimento dos discentes, uma vez que somente as atividades incluídas podem não ter sentido para aqueles que leem o portfólio.

Por sua vez, a **pauta de observação** é organizada em grelhas que contêm critérios de aprendizagem e o nome do estudante. Nela, o professor pode escolher alguns símbolos ou conceitos que representem aspectos de sucesso esperados para cada aprendizagem. Desse modo, a pauta de observação também pode se tornar um instrumento de avaliação que, conjugado com outros instrumentos, qualifique o processo de aprendizagem, principalmente para professores que atuam com um número expressivo de estudantes.

Quanto ao **memorial**, segundo Fernandes e Freitas (2007, p. 34), ele "se constitui em uma escrita livre do estudante acerca de suas vivências ao longo do ano". Considerando-se esse entendimento, o memorial torna-se um exercício de reflexão e autoavaliação do estudante a respeito de suas conquistas, suas dificuldades, suas inseguranças, seu envolvimento, sua relação com o conhecimento e com seus pares.

Já o **mapa conceitual**, como instrumento avaliativo, é centrado "na obtenção de informações acerca da estruturação edificada pelo educando para um conjunto de conceitos" (Souza; Boruchovitch, 2010, p. 802). Assim, por meio do mapa, o estudante pode estabelecer hierarquias de conceitos e relações entre eles, demonstrando seu processo de aquisição e estruturação de conhecimentos.

É importante enfatizar que nenhum instrumento dará conta de apontar todas as aprendizagens de um estudante. No entanto, a combinação de mais de um instrumento pode ajudar o professor a traçar o panorama de evolução de cada discente. Tratados nessa perspectiva, os instrumentos avaliativos têm o papel de informar os sujeitos da avaliação acerca do ponto em que se encontra cada estudante em seu processo de aprendizagem. Isso nos remete ao que Hadji (2001) propõe: toda avaliação formativa só será formativa se for informativa.

As informações geradas pela avaliação surgem em diferentes momentos da ação pedagógica. Como uma maneira de sistematizar esses momentos, alguns autores sugerem formas de estruturação, conforme apresentado no Quadro 4.1.

Quadro 4.1 – Sistematização da avaliação

Hadji (2001)	Zabala (1998)	Parâmetros Curriculares Nacionais – PCN (Brasil, 1997)
Prognóstica	Inicial	Investigativa inicial
Formativa	Reguladora	Contínua
Cumulativa	Final	Final
	Integradora	

Fonte: Elaborado com base em Hadji, 2001; Zabala, 1998; Brasil, 1997.

A avaliação **prognóstica** antecede a formação, isto é, ela diagnostica em que ponto da aprendizagem se encontra o estudante e possibilita ajustes nos planos de ensino e nos conteúdos para o sucesso nas aprendizagens. A avaliação **formativa** funciona como eixo norteador da prática pedagógica, pois auxilia docentes e discentes na regulação do ensino e da aprendizagem. A avaliação **cumulativa** permite fazer um mapeamento final das aprendizagens dos estudantes. Tendo em vista esses princípios, Hadji (2001) considera que toda avaliação tem em sua base a ação prognóstica, formativa e cumulativa, cuja função é conduzir os processos educativos a ações de ajustes de ensino e aprendizagem.

O que Zabala (1998) considera como avaliação **inicial** corresponde à primeira fase da avaliação. Nessa fase, é possível conhecer e reconhecer o que o estudante sabe e o que ele sabe fazer, como aprende e aonde pode chegar. Essas informações serão o ponto de partida que definirá conteúdos, objetivos e métodos de trabalho. A avaliação **reguladora**, para Zabala (1998), consiste em todo o conjunto das atividades avaliativas que buscam investigar o processo de aquisição de conhecimento, aprendizagem e ensino construído e adaptado ao longo da trajetória educativa. O agrupamento do conjunto dos resultados obtidos é chamado de avaliação **final**. A avaliação que traduz esses dados, "um informe global do processo" (Zabala, 1998, p. 201), é denominada avaliação **integradora**.

As propostas de avaliação apresentadas pelos PCN (Brasil, 1997) seguem uma lógica similar às propostas por Zabala (1998) e Hadji (2001). A avaliação **investigativa inicial** tem o papel de instrumentalizar o docente tendo em vista a adequação de seu planejamento a partir do que se reconhece no educando sobre suas aprendizagens e potencialidades. A avaliação **contínua** e a avaliação **final** aparecem de forma articulada nos PCN (Brasil, 1997). Para tanto, o documento considera que a avaliação que acompanha o processo de aprendizagem dará condições para que o professor decida, no fim de um conteúdo ou bimestre, se o estudante aprendeu ou não determinado conhecimento (Brasil, 1997).

Independentemente da escolha que se faça diante das formas de organização da avaliação, ela deve ser regida por quatro princípios: (1) ética, (2) autonomia, (3) coerência e (4) comunicação.

Na construção ou na realização de uma prática educativa, a **ética** é sempre um comportamento a ser perseguido na avaliação. O respeito ao outro da relação pedagógica torna-se fundamental nessa dinâmica. É comum, por exemplo, em momentos de avaliação, o estudante revelar suas fraquezas e dificuldades; assim, cabe ao professor preservar o estudante, de forma a não colocá-lo em situações desconfortáveis, conduzindo suas práticas avaliativas com ética.

O segundo princípio que rege a avaliação é a busca constante da **autonomia** dos sujeitos avaliados. A avaliação não é somente do professor, pertencendo principalmente ao estudante. Desse modo, a avaliação tem o papel de mobilizar estudantes na conquista da autonomia, a qual diz respeito às suas conquistas e à sua capacidade de autoavaliação e autorregulação de suas aprendizagens.

A **coerência** na avaliação, terceiro princípio, refere-se à coesão quanto às concepções sobre educação, desenvolvimento e aprendizagem que norteiam nossas práticas avaliativas. Concerne também à adequação de instrumentos avaliativos e estratégias metodológicas que auxiliem os estudantes na apropriação de novos conhecimentos. Da mesma forma, trata-se de um olhar cuidadoso na elaboração dos instrumentos de avaliação.

Na reportagem "Facebook: veja supostas 'pérolas' de respostas dadas por estudantes em provas" (UOL, 2024), são apresentadas diversas interpretações que os estudantes dão a questões avaliativas elaboradas por professores. É certo que não se pode afirmar a confiabilidade de tais imagens, como a própria reportagem questiona. Todavia, elas nos levam a problematizar a coerência de tais avaliações. Instrumentos de avaliação mal elaborados, assim como questões avaliativas mal elaboradas, podem gerar dados sobre a aprendizagem que não revelam exatamente os processos de aprendizagem das crianças.

Fernandes e Freitas (2007, p. 29) afirmam que "um instrumento mal elaborado pode causar distorções na avaliação que o professor realiza e suas implicações podem ter consequências graves, uma vez que todo ato avaliativo envolve um julgamento que, no caso da educação escolar, significa, em última instância, aprovar ou reprovar".

Nesse sentido, eles sugerem que, na elaboração dos instrumentos avaliativos, deve-se cuidar com alguns aspectos, como a linguagem empregada na construção do instrumento, a clareza em contextualizar aquilo que se quer saber, para que as perguntas não assumam outros sentidos, e a coerência com o que se ensinou, isto é, não cabe elaborar instrumentos avaliativos tendo em vista a avaliação de saberes não ensinados (Fernandes; Freitas, 2007).

O quarto e último princípio consiste na **comunicação**. Ao pensarmos na avaliação, podemos dizer que ela é sempre uma forma de comunicação, de diálogo entre sujeitos avaliados e avaliadores. A avaliação sempre implica um processo de comunicação entre o que se aprendeu e o que se espera de aprendizagem; ela é estímulo-resposta numa via de mão dupla em que há interação, intervenção, mediação entre professor e estudantes com o intuito de construir conhecimento (Batista, 2011).

4.2.2 Avaliação institucional e avaliação de sistema

A avaliação institucional e a avaliação de sistema são outras duas dimensões que compõem o cenário da avaliação educacional. O que diferencia uma da outra é o fato de a avaliação institucional ser interna à escola, isto é, ela representa processos avaliativos que ocorrem na própria instituição. Já a avaliação de sistema é uma prática externa, executada, em geral, pela União, pelos estados e/ou pelos municípios.

A principal finalidade da **avaliação institucional** é avaliar a própria instituição educativa por meio de instrumentos planejados, que ajudam a comunidade escolar a conhecer plenamente o ambiente educativo. Nessa perspectiva, ela é um instrumento de autoavaliação da escola tendo em vista um ensino de qualidade.

Para Freitas et al. (2012, p. 38),

> com a avaliação institucional o que se espera, portanto, é que o coletivo da escola localize seus problemas, suas contradições, reflita sobre eles e estruture situações de melhoria ou superação, demandando condições do poder público, mas, ao mesmo tempo, comprometendo-se com melhorias concretas na escola.

Desse modo, os resultados da avaliação institucional implicam a construção de ações que busquem qualificar o ensino, as quais, necessariamente, acarretam a reorganização do currículo.

Como um exemplo de avaliação institucional podemos citar os *Indicadores da qualidade na educação infantil* (Brasil, 2009e), documento elaborado pelo Ministério da Educação (MEC) que tem como característica ser um instrumento de autoavaliação das instituições de educação infantil.

Com essa premissa, o documento tem como objetivo contribuir com a comunidade escolar no intuito de autoavaliar as instituições, tendo como escopo um projeto de qualidade educacional. Para tanto, nele são apontados alguns indicadores que, por meio de um processo de participação negociada de toda a comunidade escolar – ou seja, professores, gestores, crianças, pais, comunidade local, outros profissionais que atuam na instituição –, avaliam aspectos da dimensão do planejamento institucional, a multiplicidade de experiências e linguagens, as interações e a promoção da saúde.

A outra dimensão da avaliação educacional, a **avaliação de sistema**, representa o nível macro da avaliação. É a avaliação realizada externamente às instituições, em larga escala. Para Freitas (2007), ela tem se firmado no Brasil ao longo das últimas décadas como forma de monitoramento da educação e tem se intensificado como agenda de governo e modelo de governança (Sousa, 2014). Todavia, ela não ficou restrita somente ao papel de medida da qualidade educacional; de maneira velada, também induz as instituições educacionais a um projeto de qualificação.

Se, por um lado, essas provas têm como pressuposto a promoção da qualidade educacional, cabe-nos pensar de qual qualidade estamos falando e quais as estratégias utilizadas para traduzi-la. Vejamos algumas delas.

No Brasil, existem algumas formas de avaliação externa, como a Provinha Brasil e a Prova Brasil, por exemplo. Essas duas avaliações compõem um amplo sistema de avaliação do rendimento escolar. Além disso, o atual Sistema Nacional da Avaliação no âmbito da educação brasileira é abarcado pelo Sistema Nacional de Avaliação da Educação Superior (Sinaes) e pelo Sistema Nacional de Avaliação da Educação Básica (Saeb)[5]. O Sinaes é organizado por três ações principais: avaliação das instituições, dos cursos e do desempenho dos estudantes. O conjunto das ações avaliativas das instituições contempla pesquisa, ensino, extensão, gestão institucional, estrutura, corpo docente, infraestrutura física, entre outras ações. Já as avaliações de cursos contemplam organização didático-pedagógica, perfil do corpo docente e instalações físicas. A forma de avaliar o rendimento dos estudantes é por meio do Exame de Desempenho dos Estudantes (Enade). Trata-se de um procedimento avaliativo, aplicado aos estudantes de todos os cursos de graduação no primeiro e no último ano do curso, tendo como meta aferir o desempenho deles em relação aos conteúdos programáticos de cada curso.

---

5 Os dados apresentados acerca do Saeb e do Sinaes foram consultados no *site* do Instituto Nacional de Estudos e Pesquisas Educacionais Anísio Teixeira (Inep) (<http://www.inep.gov.br/>), entidade responsável pela organização, aplicação e compilação dos resultados dos sistemas nacionais de avaliação.

O Saeb, sistema que busca aferir o rendimento da educação básica, é organizado por três avaliações: Avaliação Nacional da Educação Básica (Aneb), Avaliação Nacional do Rendimento Escolar/Prova Brasil (Anresc) e Avaliação Nacional da Alfabetização (ANA). A Aneb, avaliação de base amostral, visa aferir a qualidade, a eficiência e a equidade das escolas. É aplicada com estudantes da rede pública e privada de ensino, das áreas rurais e urbanas e das séries finais de cada etapa educacional (5º e 9º anos do ensino fundamental e 3º ano do ensino médio).

A Anresc, de caráter censitário, tem como pauta a avaliação da qualidade do ensino das escolas públicas brasileiras. Os procedimentos de avaliação são empregados com estudantes do 5º e do 9º anos do ensino fundamental das escolas públicas municipais, estaduais e federais. Assim como a Aneb, a Anresc é aplicada a cada dois anos, tendo como escopo as áreas de formação: Língua Portuguesa e Matemática.

Por fim, a ANA tem como base uma avaliação de caráter censitário, aplicada a estudantes que estão cursando o 3º ano do ensino fundamental. O propósito de tal avaliação é verificar o nível de alfabetização e letramento das crianças nas áreas de Língua Portuguesa e Matemática. Diferentemente das outras duas formas de avaliação, a ANA é realizada anualmente.

O que chama a atenção nessas avaliações é que a prova constitui-se no principal instrumento para a verificação da qualidade educacional em cada nível de ensino. Assim, poderíamos questionar, à luz do que sinaliza Paro (2011): Será que tais avaliações contemplam todas as dimensões do currículo? Ou elas se centram, principalmente, em seus elementos conteudistas?

É preciso ressaltar que "seja qual for o objeto de avaliação – alunos, currículo, profissionais, instituições, plano, políticas, entre outros – o delineamento adotado em sua implantação e o uso que se fizer de seus resultados expressam o projeto educacional e social que se tem por norte" (Sousa, 2014, p. 408). Portanto, é possível dizer que essas avaliações expressam também a concepção que se tem de currículo e, nesse caso, poderíamos até mesmo problematizar: Será que nas avaliações em larga escala *currículo* não é sinônimo de *conteúdo*?

Segundo Sousa (2014), a forma como são aplicadas essas avaliações em larga escala restringe a noção de qualidade educacional, uma vez que tais provas valorizam muito mais o produto do que o processo e atrelam a qualidade ao desempenho dos estudantes. Além disso, de acordo com a autora, "esse encaminhamento tende a resultar em um estreitamento da noção de currículo, que supõe ser a inserção e inclusão social das novas gerações" (Sousa, 2014, p. 411).

Diante desse quadro, é possível perceber que a forma como se concebem as avaliações da aprendizagem, institucionais e de sistema impacta diretamente os currículos, suas concepções e o currículo em ação.

Síntese

Neste capítulo, analisamos a avaliação em suas diferentes dimensões: da aprendizagem, institucional e de sistema. Identificamos que a avaliação é uma ação inerente ao ser humano, razão pela qual ela se constitui com base em princípios políticos, econômicos, sociais, bem como na história de vida de cada sujeito avaliador e avaliado. Isso nos levou a afirmar que estamos imersos numa cultura avaliativa.

No campo da avaliação educacional, vimos que a avaliação se configura em dois polos: um tradicional e outro formativo. A avaliação tradicional se insere no âmbito da avaliação classificatória, normativa e somativa. Tem como função classificar os sujeitos da aprendizagem, estabelecendo relações de poder entre avaliador e avaliado, de modo a regular os comportamentos dos estudantes. Além disso, inicia uma relação utilitarista com o saber, num sentido mercadológico no qual o professor ensina e o estudante demonstra o que sabe sobre aquilo, recebendo em troca um conceito, uma nota etc.

A avaliação formativa é delineada para fins pedagógicos, centrada no processo como um todo, tendo em vista o desenvolvimento e a aprendizagem das crianças. Ela envolve diferentes sujeitos, espaços e tempos e fornece *feedback* aos docentes, às instituições e às próprias crianças sobre o processo pedagógico, possibilitando, dessa forma, o ajuste das práticas educativas. Ademais, valoriza o progresso individual e coloca a criança no centro do processo.

Por fim, pudemos concluir que as três formas de avaliação educacional (de aprendizagem, institucional e de sistema) se complementam e impactam a organização dos currículos e das políticas educacionais.

Indicações culturais

Livro

TONUCCI, F. **Com olhos de criança**. Tradução de Patrícia Chittoni Ramos. Porto Alegre: Artes Médicas, 1997.

Francesco Tonucci é um cartunista italiano que em seus desenhos costuma retratar a infância numa perspectiva crítica. A obra *Com olhos de criança* não é para ser lida, mas apreciada, uma vez que em seus traços Tonucci nos leva à reflexão acerca de como a criança é vista e compreendida pela sociedade em sua relação familiar e na escola. Além disso, a obra busca retratar a forma como a criança vê o mundo, suas curiosidades, seus conflitos, bem como a forma como nós, adultos, lidamos com essas questões.

Vídeo

BURTON, J. **The Potter**. 2005. Disponível em: <http://www.joshburton.com/projects/ThePotter.asp>. Acesso em: 7 jan. 2024.

O vídeo, produzido por Josh Burton, é uma animação de curta metragem que mostra a relação entre mestre e aprendiz. *The Potter* é uma criatura antiga que dá vida à argila. Em sua trajetória, ele se encontra com um menino, o qual se torna seu aprendiz e quer aprender a transformar a argila em vida. A história retrata a experiência de ensino-aprendizagem de dois sujeitos de diferentes tempos sociais, mas que, no encontro, transformam as diferenças em aprendizagem.

Atividades de autoavaliação

1. A seguir, marque (V) para as afirmações verdadeiras e (F) para as afirmações falsas.

   ( ) A avaliação formativa cria na escola hierarquias de excelência responsáveis por auxiliar os estudantes no processo de ensino-aprendizagem.

   ( ) O *feedback* é uma das estratégias da avaliação formativa para a regulação da aprendizagem. Ele tem o papel de gerar informações para estudantes e professores acerca do processo de ensino-aprendizagem.

   ( ) Na avaliação formativa, os registros sobre as aprendizagens dos estudantes são sempre provisórios, uma vez que somos sujeitos em constante processo de aprendizagem.

   ( ) Na avaliação formativa, o erro tem um importante papel porque indica as hipóteses de aprendizagem que os estudantes estão formulando.

   ( ) A principal função da avaliação formativa nos contextos educativos é classificar as aprendizagens dos estudantes com base em padrões preestabelecidos.

   Agora, assinale a alternativa que contém a sequência correta:
   a) V, V, V, V, F.
   b) F, V, V, V, F.
   c) F, V, F, V, F.
   d) F, V, V, V, V.

2. Analise as citações a seguir sobre avaliação e numere-as de acordo com os tipos de avaliação apresentados.

   (1) Avaliação de sistema (larga escala)

   (2) Avaliação da aprendizagem

   (3) Avaliação institucional

( ) "Durante muito tempo, a avaliação foi usada como instrumento para classificar e rotular os alunos entre os bons, os que dão trabalho e os que não têm jeito. A prova bimestral, por exemplo, servia como uma ameaça à turma. Felizmente, esse modelo ficou ultrapassado e, atualmente, a avaliação é vista como uma das mais importantes ferramentas à disposição dos professores para alcançar o principal objetivo da escola: fazer todos os estudantes avançarem. Ou seja, o importante hoje é encontrar caminhos para medir a qualidade do aprendizado da garotada e oferecer alternativas para uma evolução mais segura" (Nova Escola, 2009).

( ) "A proximidade do fim do ano representa, para as mais diferentes áreas, o momento de refletir sobre o ciclo percorrido e fazer projetos para o próximo. Na escola, não é diferente. O término do período letivo traz a oportunidade ao orientador educacional e a todo o grupo de gestão de fazer um levantamento das demandas coletivas, das metas educacionais e das ações necessárias para realizá-las no ano seguinte. O processo de avaliação [...], quando bem realizado, permite elucidar os problemas da escola. E toda a comunidade é envolvida na busca de soluções" (Iavelberg, 2009).

( ) "instrumento de acompanhamento global de redes de ensino com o objetivo de traçar séries históricas do desempenho dos sistemas, que permitam verificar tendências ao longo do tempo, com a finalidade de reorientar políticas públicas. Quando conduzidas com metodologia adequada podem trazer importantes informações sobre o desempenho dos alunos, dados sobre os professores, condições de trabalho e funcionamento das escolas de uma rede" (Freitas et al., 2012, p. 47).

Agora, assinale a alternativa que corresponde à sequência correta:
a) 1, 2, 3.
b) 3, 2, 1.
c) 3, 1, 2.
d) 2, 3, 1.

3. O professor Jeremias realizou uma prova de História com seus alunos acerca da Guerra do Contestado. A primeira questão dissertativa apresentava um pequeno texto elucidativo sobre guerra e este enunciado: "Destaque e escreva os pontos positivos da Guerra do Contestado". O aluno João respondeu a questão da seguinte forma: "dois-pontos, ponto de exclamação, ponto final". Ao analisar o resultado da prova de João, tomando como base a avaliação formativa, o professor Jeremias:

I. resolveu aplicar novamente a prova para João, reelaborando o enunciado, para verificar se o estudante havia se apropriado do conhecimento.

II. atribuiu o conceito errado à questão e não retomou com o estudante a questão.

III. anulou a questão e retomou em suas aulas os pontos positivos da Guerra do Contestado.

IV. não anulou a questão, mas retomou o assunto nas aulas e aplicou outra prova ao estudante com o intuito de compreender a aprendizagem de João.

V. culpou o estudante por não ter compreendido o enunciado da questão; afinal, a interpretação faz parte da prova.

Com base nas possíveis decisões tomadas pelo professor Jeremias, assinale a alternativa que indica as que foram pautadas na avaliação formativa:
a) Todas as decisões estão corretas.
b) II e V.
c) I, III, IV e V.
d) I, III e IV.

4. No conselho de classe da Escola Aprendizagem, os professores de História, Matemática, Geografia e Português trouxeram para discussão o caso da estudante Ana. Nas provas realizadas por esses professores, Ana saiu-se muito bem, sempre estando na média estipulada pela escola. Todavia, durante o ano, conforme disseram seus professores, ela apresentou muitos problemas: ficou desatenta às explicações, faltou às aulas, conversou em demasia durante as atividades escolares,

foi suspensa por duas vezes e não realizou diversas tarefas de casa. Tomando as atitudes de Ana como referência, os professores de História, Matemática, Geografia e Português queriam reprová-la de ano.

Analisando-se esse caso, que tipo de avaliação os professores tomaram como referência para reprovar Ana?
a) Avaliação informal.
b) Avaliação formal.
c) Avaliação formativa.
d) *Feedback*.

5. Segundo Zabala (1998), a avaliação pode ser inicial, reguladora, final e integradora. Assinale a alternativa que se refere à avaliação integradora:

a) Avaliação realizada com fins de diagnóstico para identificar o que o estudante já sabe sobre determinado conhecimento.

b) Avaliação que integra todas as avaliações e tem o papel de revelar o todo do processo de ensino-aprendizagem.

c) Avaliação que se destina a regular a aprendizagem e o ensino durante a prática educativa.

d) Avaliação realizada no fim da prática educativa.

Atividades de aprendizagem

Questões para reflexão

1. Pesquise em *sites* de busca a imagem *A avaliação (1)*, de 1974, do cartunista Francesco Tonucci. Faça uma análise crítica do modelo de avaliação ao qual o autor se refere.
2. Leia o texto a seguir:

> "Há escolas que são gaiolas. Há escolas que são asas". Escolas que são gaiolas existem para que os pássaros desaprendam a arte do voo. Pássaros engaiolados são pássaros sob controle. Engaiolados, o seu dono pode levá-los para onde quiser. Pássaros engaiolados sempre têm um dono. Deixaram de ser pássaros. Porque a essência dos pássaros é o voo. Escolas que são asas não amam pássaros engaiolados. O que elas amam são os pássaros em voo. Existem para dar aos pássaros coragem para voar. Ensinar o voo, isso elas não podem fazer, porque o voo já nasce dentro dos pássaros. O voo não pode ser ensinado. Só pode ser encorajado. (Alves, 2001)

Com base no trecho do texto "Gaiolas e asas", escrito por Rubem Alves, faça uma análise comparativa quanto ao papel que a avaliação pode assumir nos contextos educativos: avaliação que contribui para que as escolas sejam gaiolas e avaliação que contribui para que as escolas sejam asas.

Atividades aplicadas: prática

1. Entreviste três professores de sua área de formação e busque identificar quais são os instrumentos de avaliação utilizados por eles. Faça uma análise crítica sobre os procedimentos avaliativos adotados e, depois, registre suas conclusões.
2. Escolha um livro didático de sua preferência e analise a concepção de avaliação proposta nele. Registre suas considerações.

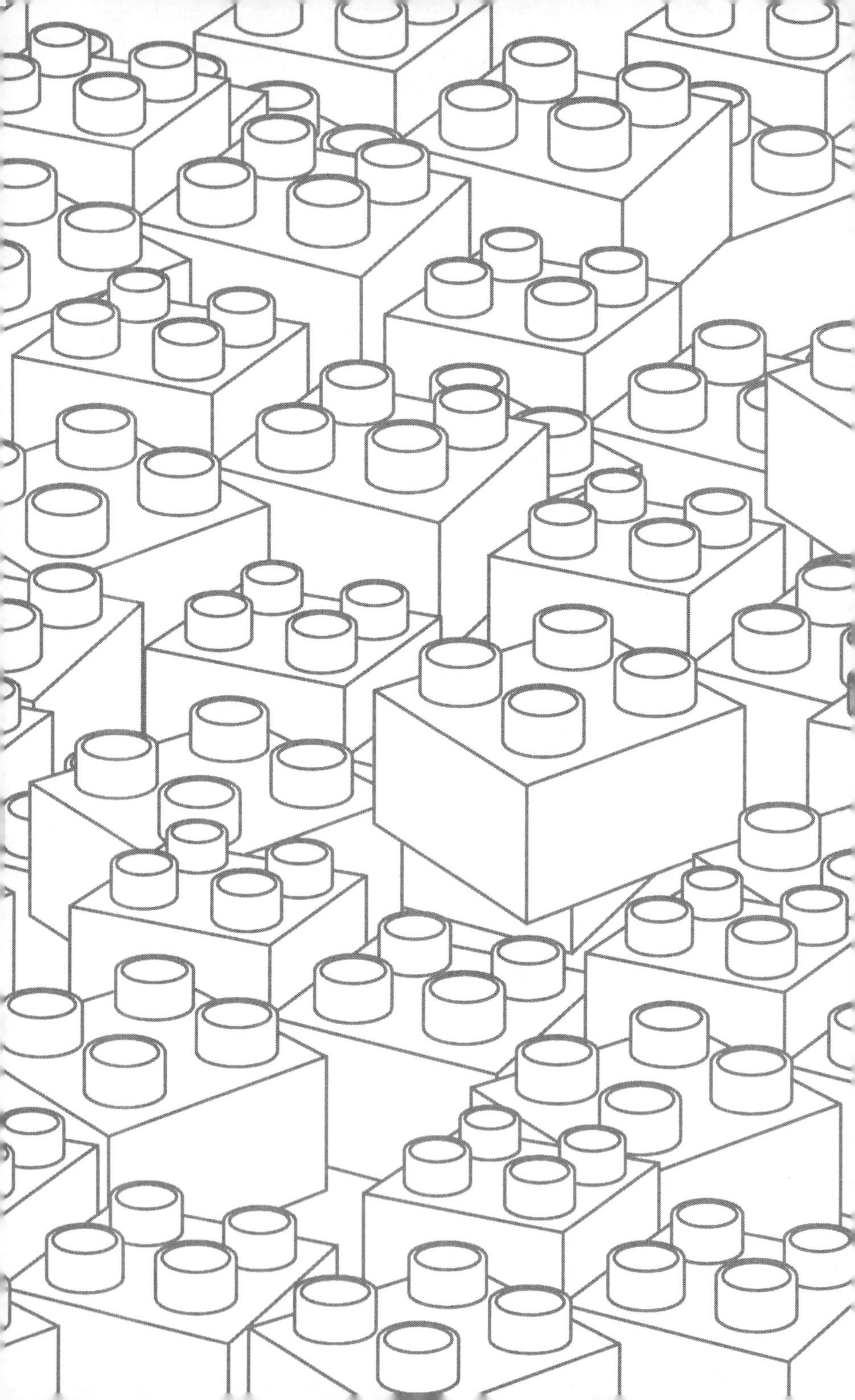

5 Currículo: questões necessárias

Neste capítulo, abordaremos temas atuais socialmente relevantes que precisam estar presentes nas discussões escolares, perpassando o trabalho desenvolvido em todas as disciplinas ou áreas do conhecimento. Em razão da importância desses temas, eles foram contemplados nas discussões e na redação do Plano Nacional de Educação (PNE) – Lei n. 13.005, de 25 de junho de 2014 (Brasil, 2014a).

O principal objetivo deste capítulo, portanto, é dialogar sobre a importância, a necessidade, as previsões legais e a abordagem metodológica dos seguintes temas: direitos humanos, diversidade, inclusão e educação ambiental.

5.1 Direitos humanos

Falar em direitos humanos é necessário para, antes de mais nada, compreendê-los em seus aspectos conceituais. Dessa forma, cabe-nos perguntar: O que seria um direito? Para além das respostas que poderemos encontrar, o que seriam direitos humanos no âmbito da educação?

Arroyo (2007) destaca que trabalhar na educação é exercer uma atividade laboral no campo do direito. Segundo o autor, "trabalhamos em um campo social reconhecido como campo de direitos, a educação, trabalhamos com sujeitos e tempos de direitos. Somos profissionais de direitos" (Arroyo, 2007, p. 37).

Historicamente, a educação sempre foi um campo de intensas lutas no que se refere à garantia de todo ser humano a seu acesso.

Assim, podemos dizer que a educação é, por excelência, o lugar do direito humano e também o próprio direito.

É praticamente incontestável a tese de que o acesso ao conhecimento científico, ao patrimônio cultural da humanidade, à arte, às experiências corporais produzidas nos contextos culturais, aos valores etc. é direito de todo ser humano e remete-se à formação como dignidade humana. Nesse processo, a educação exerce papel central, uma vez que ela tem como incumbência socializar esses conhecimentos produzidos historicamente, isto é, garantir que esses direitos sejam respeitados.

Nas últimas décadas, tem-se intensificado a discussão acerca da interface entre direitos humanos e educação. Existem hoje inúmeros documentos nos âmbitos nacional e internacional que aventam a ideia da educação em direitos humanos. Percebemos, então, que a questão dos direitos humanos está inscrita numa agenda política de ações e mobilizações que buscam garantir a dignidade humana.

No Brasil, a questão dos direitos humanos tem ganhado destaque, sobretudo a partir da década de 1980, em resposta aos ataques à dignidade humana promovidos pela ditadura militar.

> Em resposta a estas violações, as organizações em defesa dos Direitos Humanos constituíram-se em movimentos organizados contra a carestia, em defesa do meio-ambiente, na luta pela moradia, por terra, pela união dos/das estudantes, pela educação popular, em prol da democratização do sistema educacional, entre outros. Nessa nova conjuntura, os discursos e práticas em torno dos Direitos Humanos buscavam instaurar uma contra-hegemonia por meio de suas lutas por emancipação. (Brasil, 2013c, p. 518)

Assim, entre os anos 1996 e 2000, foram lançados documentos, frutos de uma política nacional e internacional, que versam sobre um programa nacional de direitos humanos. No âmbito da educação, por exemplo, foi lançado em 2003 o Plano Nacional de Educação em Direitos Humanos (Brasil, 2007), revisado em 2007, e em 2012 foram lançadas as Diretrizes Curriculares Nacionais para a Educação em Direitos Humanos – Parecer CNE/CP n. 8, de 6 de março de 2012 (Brasil, 2012c).

Segundo a Resolução CNE/CP n. 1, de 30 de maio de 2012, que trata de indicações teórico-metodológicas que compõem as Diretrizes Curriculares Nacionais para a Educação em Direitos Humanos, estes correspondem a um "conjunto de direitos civis, políticos, sociais, econômicos, culturais e ambientais, sejam eles individuais, coletivos, transindividuais ou difusos, [e] se referem à necessidade de igualdade e de defesa da dignidade humana" (Brasil, 2012e, p. 1).

A questão dos direitos humanos tem se tornado o espaço em que se travam lutas contra desigualdades, discriminação e toda forma de opressão sobre as minorias. Dessa maneira, apresenta-se na educação sob inúmeras expressões e significados, entre os quais podemos destacar: educação como direito humano, educação para o direito humano e educação em direitos humanos.

Para Candau e Sacavino (2013), a **educação como direito humano** diz respeito à educação como direito de **todo** ser humano. Todavia, as autoras ressaltam que, muitas vezes, o direito à educação refere-se apenas ao acesso e à permanência dos estudantes nas instituições educativas. No entanto, considerar a educação como direito humano é ir além do discurso do ingresso e da permanência dos educandos; trata-se da formação crítica, estética, política e da garantia de uma educação *de* e *com* qualidade. Já a **educação em direitos humanos** pode ser considerada um direito que atravessa todas as dimensões dos contextos educativos, não se reduzindo somente a conteúdos a serem trabalhados dentro da escola.

De acordo com Fritzsche (citado por Candau; Sacavino, 2013), a educação em direitos humanos se assenta num tripé, conforme apresenta a Figura 5.1.

Figura 5.1 – Tripé da educação em direitos humanos, segundo Fritzsche

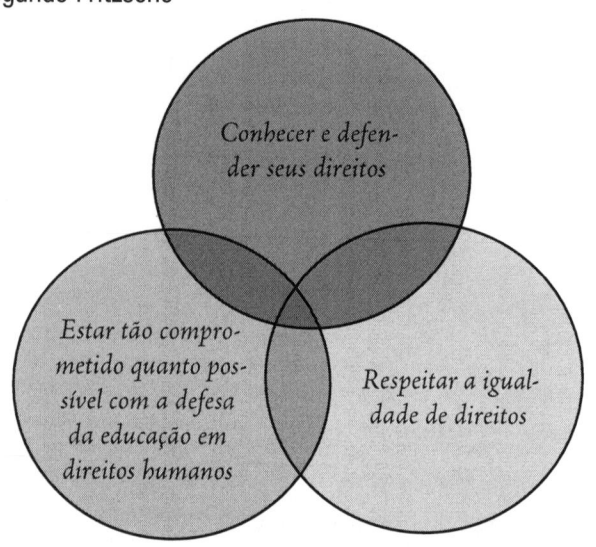

Conhecer e defender seus direitos

Estar tão comprometido quanto possível com a defesa da educação em direitos humanos

Respeitar a igualdade de direitos

Fonte: Elaborado com base em Candau; Sacavino, 2013.

Percebemos na figura que esses três princípios relativos à educação em direitos humanos estão integrados. Ao pensarmos em educação, currículo, prática educativa, é necessário termos clareza de que esses princípios devem ser considerados de forma indissociável, numa relação simbiótica.

Candau e Sacavino (2013) ainda propõem um olhar sobre os direitos humanos que ultrapasse o enfoque nos direitos individuais, políticos e civis, uma vez que educação em direitos humanos não se reduz a essas condições, mas estende-se para além delas. O foco também recai sobre a educação ambiental, a educação para o trânsito, a sustentabilidade, a educação para o consumo, os direitos individuais e coletivos etc. As autoras consideram mais um elemento que compõe a educação em direitos humanos: a educação pelo "nunca mais", que significa "romper com a cultura do silêncio, da invisibilidade e da impunidade" (Candau; Sacavino, 2013, p. 62).

Além disso, a educação em direitos humanos diz respeito à formação de sujeitos de direitos, que reconheçam seus direitos e saibam fazer uso deles. Também consiste em formar sujeitos que reconheçam o direito do outro e o respeitem com base nos princípios da solidariedade e da ética.

Candau e Sacavino (2013) destacam que a educação em direitos humanos precisa promover o empoderamento individual e coletivo, ou seja, é a promoção de práticas que visem tirar os grupos dominados e excluídos dessa condição, que sensibilizem os sujeitos para o reconhecimento da igualdade e da diferença, materializando-se na promoção do empoderamento dos excluídos. Educar em direitos humanos é, do mesmo modo, educar para a transformação social, reconhecendo educandos e educadores como sujeitos de direitos. Tendo em vista esse cenário, a escola constitui-se em um lugar em excelência de garantia de direitos humanos e formação em direitos humanos, instituindo-se, assim, na cultura escolar uma cultura dos direitos humanos.

Segundo a Resolução CNE/CP n. 1/2012, a educação em direitos humanos deve fundamentar-se nos seguintes princípios: dignidade humana, igualdade de direitos, reconhecimento e valorização das diferenças e diversidades, laicidade do Estado, democracia na educação, transversalidade, vivência e globalidade e sustentabilidade socioambiental. Diante desse panorama, quais seriam os objetivos, as finalidades envolvidas, isto é, por que educar em direitos humanos?

A finalidade é promover e consolidar uma sociedade mais humanitária, justa, que respeite diferenças, gêneros, etnias, culturas e que valorize as manifestações culturais; em suma, que seja capaz de garantir a dignidade humana. Assim, a educação em direitos humanos tem o papel de sensibilizar para a formação ética, suscitando no ser humano o reconhecimento de que todos os sujeitos são sujeitos de direitos. Além disso, tem como objetivo formar para a vida, a convivência social e o exercício da cidadania (Brasil, 2012e).

Essas considerações nos levam a outra pergunta: Como a educação em direitos humanos se materializa no currículo escolar em ação? Entendemos que a educação em direitos humanos não se configura somente como um plano ideológico e conceitual, caracterizando-se como um conhecimento que se encontra na dimensão do saber, saber fazer e saber ser. Nesse sentido, concordamos com o Parecer CNE/CP n. 8/2012, no qual se afirma que a educação em direitos humanos não se limita à "contextualização e à explicação das variáveis sociais, econômicas, políticas e culturais que interferem e orientam os processos educativos" (Brasil, 2012c, p. 13). Trata-se, portanto, do conhecimento referente à construção das lutas pelos direitos humanos, às violações destes, às legislações e aos pactos que os fortalecem e os legitimam.

Para tanto, devem ser incorporados nas propostas pedagógicas dos sistemas de ensino e nos projetos político-pedagógicos (PPPs) das instituições os princípios, os valores e os objetivos que compõem a educação em direitos humanos.

O Parecer CNE/CP n. 8/2012 ainda propõe que:

- A Educação em Direitos Humanos além de ser um dos eixos fundamentais da educação básica, deve orientar a formação inicial e continuada dos/as profissionais da educação, a elaboração do projeto político pedagógico, os materiais didático-pedagógicos, o modelo de gestão e a avaliação das aprendizagens.
- A prática escolar deve ser orientada para a Educação em Direitos Humanos, assegurando o seu caráter transversal e a relação dialógica entre os diversos atores sociais.
- Os/as estudantes devem ser estimulados/as para que sejam protagonistas da construção de sua educação, como incentivo, por exemplo, do fortalecimento de sua organização estudantil em grêmios escolares e em outros espaços de participação coletiva.
- Participação da comunidade educativa na construção e efetivação das ações da Educação em Direitos Humanos. (Brasil, 2012c, p. 14)

Compreendemos que esses elementos são princípios básicos que devem nortear os currículos, os sistemas educacionais e as práticas educativas cotidianas, uma vez que eles subsidiam as relações que se estabelecem nas instituições de ensino. Trilhando ainda esse caminho, poderíamos nos perguntar: De que forma é possível implementar as concepções e ações geridas pela educação em direitos humanos no cotidiano educativo?

O Parecer CNE/CPn. 8/2012 nos indica algumas possibilidades metodológicas a serem incorporadas no dia a dia das instituições educativas e que podem auxiliar no alargamento do olhar acerca do trabalho educativo pautado nos direitos humanos e na educação em direitos humanos, a saber:

- construir normas de disciplinas e de organização da escola, com a participação direta dos/as estudantes;
- discutir questões relacionadas à vida da comunidade, tais como problemas de saúde, saneamento básico, educação, moradia, poluição dos rios e defesa do meio ambiente, transporte, entre outros;
- trazer para a sala de aula exemplos de discriminações e preconceitos comuns na sociedade, a partir de situação-problema e discutir formas de resolvê-las;
- tratar as datas comemorativas que permeiam o calendário escolar de forma articulada com os conteúdos dos Direitos Humanos de forma transversal, interdisciplinar e disciplinar;
- trabalhar os conteúdos curriculares integrando-os aos conteúdos da área de DH, através das diferentes linguagens; musical, corporal, teatral, literária, plástica, poética, entre outras, com metodologias ativa, participativa e problematizadora. (Brasil, 2012c, p. 14)

Essas são apenas algumas das possibilidades de inscrição da educação em direitos humanos no fazer pedagógico do professor, ou seja, no currículo em ação. Inúmeras outras alternativas podem ser incorporadas no cotidiano educativo; o essencial é ter a clareza de que a educação em direitos humanos deve preservar a dignidade humana e reconhecer e promover os sujeitos como sujeitos de direitos.

5.2 Diversidade

A escola da educação básica, comprometida com a formação integral e cidadã dos estudantes, bem como com a construção de uma sociedade fundamentada na justiça e na igualdade, precisa considerar em seu currículo a diversidade. Mas o que significa o termo *diversidade*?

Lázaro (2013, p. 265) explica que

> o termo "diversidade" tem o sentido de afirmar, positivamente, diferenças. Quando o termo é utilizado em educação, já não se trata de quaisquer diferenças ou de diferenças em geral. Diversidade em educação quer afirmar a presença de sujeitos de direitos para os quais e com os quais é preciso desenvolver estratégias que levem em conta a natureza dessas diferenças e as desigualdades que, por processos históricos, políticos, sociais e culturais, foram impostas aos grupos que agora se reconhecem como diversos.

Ao reconhecer a diversidade, pretende-se assegurar o direito à educação e, consequentemente, a outros bens sociais de direito àqueles grupos que historicamente foram ou são tratados como desiguais, foram ou são atingidos por injustiças, foram ou são vítimas de preconceito e discriminação, tiveram ou têm seus direitos negados, cuja exclusão foi naturalizada historicamente pela sociedade. Segundo Gomes, Nunes e Santos (2013, p. 232), "a educação, como direito humano, abre as portas para a garantia de todos os demais direitos humanos e de cidadania".

Estamos nos referindo aqui, especialmente, aos sujeitos que foram ou são excluídos em decorrência de atributos geracionais, de raça ou de etnia, de gênero, de capacidade física, de orientação sexual, de religião, de idioma, de origem regional, entre tantos outros que podem ser apontados (Lázaro, 2013; Mendonça, 2013; Gomes; Nunes; Santos, 2013).

De acordo com Lázaro (2013), as lutas pelo reconhecimento da diversidade são antigas e longas. O autor destaca alguns movimentos de notoriedade mundial que caracterizaram as lutas pela conquista e pela afirmação de direitos: o movimento de libertação das mulheres, desde o século XIX; o movimento pelos direitos civis dos negros americanos, especialmente nas décadas de 1950 e 1960; a Rebelião de Stonewall, ocorrida em Nova Iorque, em 1969, quando policiais atacaram sujeitos de diferentes orientações sexuais que se reuniam no bar Stonewall Inn – episódio que motivou, no ano seguinte, em 28 de junho, a implantação do Dia do Orgulho Gay, tanto nos Estados Unidos quanto em outros países do mundo – dia que simboliza o combate à homofobia e a defesa de direitos dos homossexuais.

Lázaro (2013) também destaca algumas lutas ocorridas no Brasil, como a luta dos indígenas para preservar suas terras e sua cultura; a luta dos povos do campo pela reforma agrária; e a luta das pessoas com deficiência pelo reconhecimento de sua cidadania.

Pesquisadores do tema (Gomes; Nunes; Santos, 2013) afirmam que, nos últimos dez anos, importantes ações voltadas à diversidade têm sido desenvolvidas, assim como têm sido consolidadas políticas públicas como: a atuação dos movimentos coletivos sociais; a inclusão e o debate sobre o tema em conferências municipais, intermunicipais, estaduais, distritais e nacionais; a regulamentação de leis, decretos e diretrizes; a criação de órgãos específicos (secretarias, diretorias, coordenadorias); a implantação da temática no PNE (Brasil, 2014a). Entretanto, sabemos que muito há que se avançar em relação ao respeito à diversidade e à garantia dos direitos a todos os cidadãos, pois indicadores revelam que a exclusão permanece de maneira severa entre alguns grupos.

Segundo Waiselfisz (2012), entre os anos de 1980 e 2010, mais de 92 mil mulheres foram assassinadas no país, sendo que 43,7 mil dessas mortes ocorreram na última década. O autor também indica que, em 2011, houve 70.270 atendimentos do sexo feminino por violência registrados pelo Sistema de Informação de Agravos de Notificação (Sinan), do Ministério da Saúde. Nesse mesmo ano, 71,4% das 49,3 mil vítimas de homicídios no Brasil eram negras, o que totalizou 35,2 mil assassinatos (Waiselfisz, 2013).

De acordo com o Grupo Gay da Bahia (GGB), nos últimos 30 anos, no Brasil, mais de 3.500 pessoas foram assassinadas vítimas de homofobia. Em 2012, o Brasil tornou-se o campeão mundial de crimes homofóbicos, chegando à média de uma morte por dia (APP, 2014).

Os indicadores educacionais também são preocupantes. Conforme o Censo Escolar 2014 (Inep, 2014), 98,2% de crianças e adolescentes na faixa de 6 a 14 anos estão matriculados no ensino fundamental, sendo que 2% estão fora da escola – percentual que corresponde, principalmente, a crianças e adolescentes pobres, com deficiência, indígenas, de área rural ou urbana.

Por meio do Projeto de Estudo Preconceito e Discriminação em Ambiente Escolar, realizado pelo Ministério da Educação (MEC), pela Fundação Instituto de Pesquisas Econômicas (Fipe) e pelo Instituto Nacional de Estudos e Pesquisas Educacionais Anísio Teixeira (Inep), em uma amostra nacional de 18,5 mil estudantes, pais e profissionais da educação, verificou-se que as atitudes discriminatórias se relacionam a gênero (38,2%), orientação sexual (26,1%), etnia-raça (22,9%) e território (20,6%)[1] (Fipe/MEC/Inep, 2009).

Diante desse contexto de exclusão, a escola não pode silenciar e omitir-se, mas contribuir para a superação de práticas de preconceito, discriminação, opressão e violência. O primeiro fundamento que precisa ser reconhecido na escola é que não somos todos iguais, pois o ser humano é intrinsecamente diferente. Assim, é necessário reconhecer que existem diferenças, acolhê-las, respeitá-las e tratar cada sujeito conforme suas necessidades e especificidades.

Para que as diferenças sejam consideradas na escola, é preciso, muitas vezes, dispensar tratamentos diferenciados e singulares a elas. Isso significa que determinados estudantes podem necessitar de auxílio individualizado do professor, material didático-pedagógico adaptado, flexibilização curricular, inserção de conteúdos, temas ou assuntos para promover o debate sobre problemas sociais etc.

A título de exemplo, reportamo-nos à Figura 5.2, apresentada a seguir.

---

[1] É importante destacar que, nessa amostra, cada entrevistado poderia apresentar mais de uma resposta.

Figura 5.2 – Igualdade não significa justiça

Daniel Klein

    Se utilizarmos a Figura 5.2 para fazer uma analogia com o trabalho desenvolvido pela escola em relação à diversidade, podemos afirmar que considerar as diferenças e assegurar a igualdade não significa dar a mesma banqueta para todos os estudantes, mas dar a cada estudante a banqueta necessária para promover a aprendizagem de qualidade.

De acordo com Santos (2009, p. 15, 18),

> uma política emancipatória dos Direitos Humanos deve saber distinguir entre a luta pela igualdade e a luta pelo reconhecimento igualitário das diferenças, a fim de poder travar ambas as lutas eficazmente. [...] Temos o direito a ser iguais quando a diferença nos inferioriza; temos o direito a ser diferentes quando a igualdade nos descaracteriza.

Um segundo fundamento que precisa ser considerado pela escola corresponde à inserção nos currículos de conhecimentos relativos às relações étnico-raciais, à história e à cultura afro-brasileira, africana, indígena e cigana, às relações de gênero e diversidade sexual, à cultura do campo e de outros povos e comunidades tradicionais, não com o intuito de promover o sentimento de piedade diante desses grupos, mas a fim de estabelecer o debate, desvelar os preconceitos e assegurar a compreensão histórica e científica sobre a trajetória, as características, os valores e as especificidades desses grupos.

Dessa maneira, a escola estará cumprindo seu papel em relação à diversidade, contribuindo para a inclusão daqueles que historicamente foram excluídos e para a construção de uma sociedade justa e igual.

5.3 Inclusão

A legislação brasileira[2] assegura às pessoas com deficiência[3], transtorno global do desenvolvimento[4] e altas habilidades/superdotação[5] o direito à educação escolar, preferencialmente na rede regular de ensino, promovendo, dessa maneira, a inclusão.

Essa determinação legal tem impulsionado o crescimento do número de matrículas dos estudantes com deficiência, transtorno global do desenvolvimento e altas habilidades/superdotação na educação básica, como mostra o Gráfico 5.1.

---

2 Estamos nos referindo, especialmente, à Constituição Federal, de 5 de outubro de 1988 (Brasil, 1988), à Lei de Diretrizes e Bases da Educação Nacional (LDBEN) – Lei n. 9.394, de 20 de dezembro de 1996 (Brasil, 1996) –, e às Diretrizes Operacionais para o atendimento educacional especializado na educação básica, modalidade Educação Especial, instituídas e fixadas pelo Parecer CNE/CEB n. 13, de 3 de junho de 2009 (Brasil, 2009a), e pela Resolução CNE/CEB n. 4, de 2 de outubro de 2009 (Brasil, 2009c).

3 Estudantes com deficiência são "aqueles que têm impedimentos de longo prazo de natureza física, intelectual, mental ou sensorial" (Brasil, 2009c, p. 1).

4 Estudantes com transtorno global do desenvolvimento são "aqueles que apresentam um quadro de alterações do desenvolvimento neuropsicomotor, comprometimento nas relações sociais, na comunicação ou estereotipias motoras. Incluem-se nessa definição alunos com autismo clássico, síndrome de Asperger, síndrome de Rett, transtorno desintegrativo da infância (psicose) e transtornos invasivos sem outra especificação" (Brasil, 2009c, p. 1).

5 Estudantes com altas habilidades/superdotação são "aqueles que apresentam um potencial elevado e grande envolvimento com as áreas do conhecimento humano, isoladas ou combinadas: intelectual, liderança, psicomotora, artes e criatividades" (Brasil, 2009c, p. 1).

Gráfico 5.1 – Comparativo das matrículas de estudantes com deficiência, transtorno global do desenvolvimento e altas habilidades/superdotação na educação básica, nos anos de 2007 e 2012

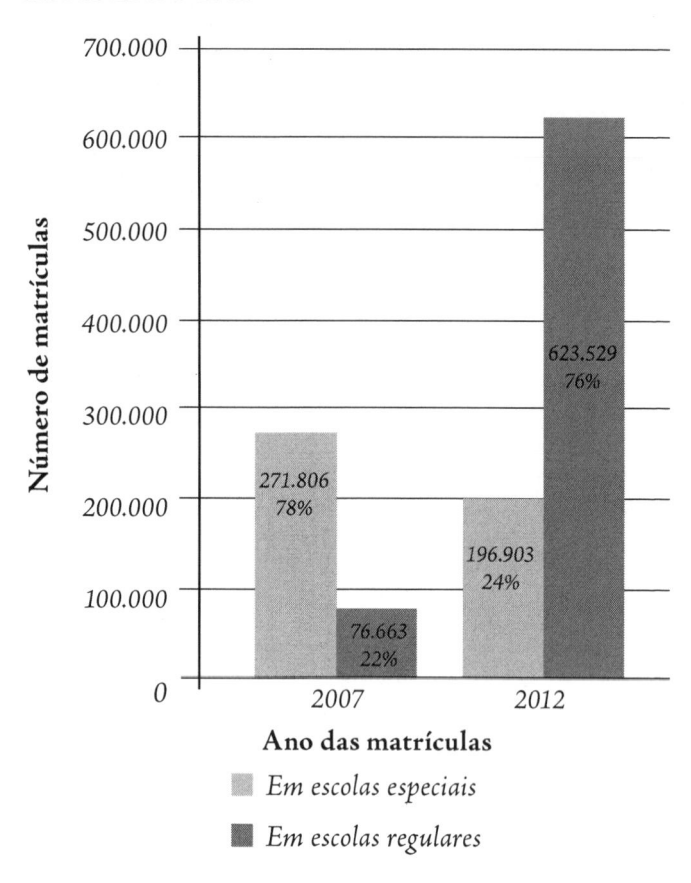

[Gráfico de barras:
- 2007: Em escolas especiais: 271.806 (78%); Em escolas regulares: 76.663 (22%)
- 2012: Em escolas especiais: 196.903 (24%); Em escolas regulares: 623.529 (76%)
Eixo Y: Número de matrículas
Eixo X: Ano das matrículas]

Fonte: Elaborado com base em Fernandes, 2013.

Com base nas informações do Gráfico 5.1, é possível verificar que, em 2007, havia aproximadamente 348.469 estudantes com deficiência, transtorno global do desenvolvimento e altas habilidades/superdotação, sendo que, destes, 78% estavam matriculados em escolas especiais e apenas 22% em escolas regulares. Em 2012, além da ampliação do número de estudantes matriculados, que totalizava aproximadamente 820.432, notamos que 76% cursavam a escola regular e 24% a escola especial.

Isso significa que houve uma ampliação do acesso das pessoas com deficiência, transtorno global do desenvolvimento e altas habilidades/superdotação à educação escolar, bem como da inclusão, tendo em vista que há mais estudantes matriculados em escolas regulares que em escolas especiais.

A legislação não assegura apenas o acesso desses estudantes à educação escolar, mas também as condições necessárias e adequadas para garantir a permanência, o ensino e a aprendizagem de qualidade. Para isso, garante a oferta de Atendimento Educacional Especializado (AEE) e da flexibilização curricular.

De acordo com o art. 1º da Resolução CNE/CEB n. 4, de 2 de outubro de 2009,

> os sistemas de ensino devem matricular os estudantes com deficiência, transtornos globais dodesenvolvimento e altas habilidades/superdotação nas classes comuns do ensino regular e no Atendimento Educacional Especializado [...]. (Brasil, 2009c, p. 1)

Por sua vez, a Lei de Diretrizes e Bases da Educação Nacional (LDBEN) – Lei n. 9.394, de 20 de dezembro de 1996 –, em seu art. 59, inciso I, assegura aos estudantes com necessidades especiais: "currículos, métodos, técnicas, recursos educativos e organização específicos, para atender às suas necessidades" (Brasil, 1996).

O AEE corresponde ao conjunto de atividades e recursos de acessibilidade e pedagógicos ofertados aos estudantes a fim de complementar ou suplementar a formação destes, devendo ocorrer por meio dos atendimentos de salas de recursos multifuncionais[6] e/ou Centros de Atendimento Educacional Especializado (CAEEs)[7], em contraturno escolar (Brasil, 2009b).

---

6 O AEE ofertado por meio das salas de recursos multifuncionais é desenvolvido em escolas por professor devidamente habilitado, o qual trabalha com as áreas do desenvolvimento, por meio de metodologias e recursos diferenciados e diversificados. Esse atendimento ocorre individualmente ou em pequenos grupos de estudantes (Brasil, 2009c).

7 O AEE ofertado por meio dos CAEEs é desenvolvido em espaço próprio, por profissionais especialistas nas áreas de psicologia, pedagogia especializada, fonoaudiologia, fisioterapia, terapia ocupacional etc. Esses profissionais realizam atendimentos aos estudantes e encaminhamentos necessários para outros profissionais ou serviços, bem como realizam orientações às famílias desses estudantes (Brasil, 2009c).

A flexibilização curricular[8] diz respeito às modificações realizadas nas estratégias, nos métodos, nos recursos didáticos, nos conteúdos, nos processos de avaliação, na mediação do professor e na temporalidade de ensino e aprendizagem, a fim de adaptá-los às necessidades de aprendizagem dos estudantes, garantindo a aprendizagem deles e a qualidade do processo de inclusão (Lopes, 2010).

De acordo com estudiosos da temática (Lopes, 2010; Gómez-Torres; Pastor, 1998), a flexibilização curricular não pode significar a simplificação do currículo, a diminuição, o recorte ou a extinção de conhecimentos ou de objetivos próprios da etapa, do ciclo ou do ano em que o estudante está matriculado, mas seus ajustes.

Para Aranha (2000) e Oliveira (2008), as flexibilizações curriculares podem ser classificadas em grande porte e pequeno porte. As adequações de grande porte são de responsabilidade das instâncias político-administrativas e dos sistemas ou redes de ensino municipal, estadual e federal; já as adequações de pequeno porte são de responsabilidade do professor e devem ser realizadas no contexto da sala de aula. Dessa forma, todas as instâncias e profissionais são responsáveis pela efetivação das flexibilizações curriculares.

Cabe aos sistemas ou às redes de ensino ofertar infraestrutura necessária e adequada, profissionais qualificados, recursos financeiros, formação continuada aos profissionais e AEE aos estudantes. Às escolas cabe contemplar a flexibilização curricular em seu PPP e no currículo, desenvolver o AEE de sua responsabilidade e ofertar suporte pedagógico aos professores.

O professor deve realizar a flexibilização curricular em planos de trabalho por meio da investigação a respeito do nível de apropriação do conhecimento de seus estudantes, bem como das limitações e potencialidades destes. De acordo com Oliveira e Leite (2000, p. 16, grifo do original), o professor precisa realizar flexibilizações curriculares de aula e flexibilizações curriculares individuais:

---

8 Segundo Lopes (2010), estudiosos e pesquisadores dessa temática utilizam termos diferenciados, como *adaptações curriculares, flexibilizações curriculares, adequações curriculares* e *diferenciação curricular*.

adaptações curriculares de aula: refere-se a um conjunto de ajustes nos diferentes elementos da proposta curricular para possibilitar o processo de ensino-aprendizagem e interação do aluno com necessidades educacionais especiais na dinâmica geral da aula. São modificações que se realizam no contexto de sala de aula e estão relacionadas com a priorização de objetivos e atividades, formas de agrupamentos de alunos, organização dos recursos materiais, utilização de variados procedimentos de avaliação e, essencialmente, o uso de uma metodologia variada que permita a interação e o estabelecimento do processo de ensino-aprendizagem.

adaptações curriculares individuais: essas adaptações só deverão ocorrer quando todas as alternativas foram tentadas e o aluno possua um nível curricular significativamente abaixo do esperado pela sua idade. Assim, caracterizam-se como um conjunto de modificações propostas para um determinado aluno, com o objetivo de responder às suas necessidades educacionais especiais às quais podem ser compartilhadas pelo resto dos alunos.

Um dos grandes desafios em relação à flexibilização curricular está relacionado ao fato de que cada estudante com deficiência, transtornos globais do desenvolvimento ou altas habilidades/superdotação exige modificação, ajuste ou adequação diferenciados no currículo; nem mesmo os estudantes com uma mesma síndrome, por exemplo, apresentam as mesmas necessidades. Por isso, não há receitas prontas; só é possível o professor realizar a flexibilização curricular com base na vivência e no conhecimento de seus estudantes.

Segundo Lima (2005, p. 8),

> o planejamento pedagógico deverá considerar cada categoria e buscar trazer o máximo de situações de aprendizagem e desenvolvimento, sempre dentro do âmbito das atribuições da educação escolar. A partir de cada caso, é possível planejar ações pedagógicas que se apoiem nas possibilidades de cada um, sempre, com o objetivo de ampliar a experiência humana. Para o professor, entram

> como suporte para este planejamento seu conhecimento pedagógico, o diagnóstico médico, quando disponível, a identificação do tipo de impedimento ou impedimentos que a criança tem, os recursos da escola e da comunidade, as experiências de cultura e os instrumentos mediadores existentes.

Assim, podemos concluir que a flexibilização curricular é única para cada estudante, conforme suas necessidades e potencialidades, e pode promover a aprendizagem e o desenvolvimento daquele estudante para o qual foi planejada. Quando utilizada com outro estudante, com a mesma ou com outra deficiência, pode não atender às expectativas do professor e do próprio estudante.

5.4 Educação ambiental

Nos últimos tópicos, tratamos de uma educação que considere o ser humano como sujeito histórico. Nesta seção, na qual vamos abordar a questão da educação ambiental (EA) – isto é, uma educação de sujeitos críticos, responsáveis, cidadãos e participativos –, destacamos primeiramente a seguinte problemática: O que são sujeitos?

Pensar nessa questão antes de enfocar a EA nos possibilita compreender que tipo de sujeitos queremos formar, que currículo proporemos para eles, tendo em vista sua atuação no mundo. Para Charlot (2000, p. 33), um sujeito é:

> - Um ser humano, aberto a um mundo que não se reduz ao aqui e agora, portador de desejos movidos por esses desejos, em relação com outros seres humanos, eles também sujeitos;
> - Um ser social, que nasce e cresce em uma família (ou em um substituto da família), que ocupa uma posição em um espaço social, que está inscrito em relações sociais;
> - Um ser singular, exemplar único da espécie humana, que tem uma história, interpreta o mundo, dá um

> sentido a esse mundo, à posição que ocupa nele, às suas relações com os outros, à sua própria história, à sua singularidade.

Com base no conceito de sujeito, podemos observar que um sujeito se constitui na relação com o outro. Essas relações são determinadas pelos espaços físicos e sociais que o cercam, bem como pela cultura. Diante disso, é possível afirmar que o meio ambiente é um espaço de interação e constituição do indivíduo como sujeito. O humano pertence ao ambiente em que ele está inserido, não no sentido de dominação, mas no sentido de integração, razão por que esse meio ambiente assume o papel de espaço da relação.

O ser humano, um sujeito social marcado por crenças, visão de mundo, valores, formação individual e política, estabelece diferentes relações com o ambiente natural. É possível perceber que essas relações se dão em ações sustentáveis e em ações que acabam por degradar o meio ambiente.

A EA se insere justamente nesse lócus, dado que ela tem o papel de ressignificar a relação que o ser humano estabelece com a natureza e com o meio ambiente. Ela vem ao encontro de uma perspectiva de simetria, de equilíbrio, do estabelecimento de uma relação saudável, crítica e cidadã com o meio ambiente.

É importante ressaltar o que estamos entendendo por *meio ambiente* neste estudo. Por um longo período, o meio ambiente foi entendido como um espaço relacionado à natureza; entretanto, alguns estudos têm caminhado em outras direções. Assim, o meio ambiente também pode ser considerado o ambiente urbano, não se limitando ao espaço biológico, mas relacionado com as dimensões sociais, políticas e culturais.

Tendo em vista as questões até aqui mencionadas, podemos afirmar que a EA é vital na perspectiva da formação dos sujeitos de direitos. Tal vitalidade é reconhecida por alguns marcos legais, como a própria Constituição Federal (CF) de 1988 (Brasil, 1988). O art. 225, parágrafo 1º, inciso VI, da CF estabelece que é dever do Poder Público "promover a educação ambiental em todos os níveis de ensino e a conscientização pública para a preservação do meio ambiente" (Brasil, 1988).

Considerando a legislação vigente, o MEC publicou, em 2012, uma diretriz que apresenta proposições teórico-metodológicas para as práticas educativas voltadas à especificidade do meio ambiente, a saber: Diretrizes Curriculares Nacionais para a Educação Ambiental, apoiada no Parecer CNE/CP n. 14, de 6 de junho de 2012 (Brasil, 2012d), e estabelecida pela Resolução CNE/CP n. 2, de 15 de junho de 2012 (Brasil, 2012f).

No Parecer CNE/CP n. 14/2012, concebe-se a educação ambiental na perspectiva socioambiental, numa

> visão complexa e interdisciplinar [que] analisa, pensa, organiza o meio ambiente como um campo de interações entre a cultura, a sociedade e a base física e biológica dos processos vitais, no qual todos os elementos constitutivos dessa relação modificam-se dinâmica e mutuamente. (Brasil, 2012d, p. 9)

O parecer ainda considera que a educação ambiental tem um papel emancipador e transformador da sociedade, sendo que as questões sobre mudanças climáticas, degradação da natureza, redução da biodiversidade e necessidades do planeta precisam, sob o ponto de vista social, ser problematizadas. Nesse caminho, a escola desempenha um papel fundamental, posto que ela é espaço de construção de identidades, de formação crítica e de produção do conhecimento; lugar de recrudescer uma cultura de sustentabilidade socioambiental.

Cabe-nos, agora, perguntar: De que forma a EA se insere nos currículos escolares? Segundo o Parecer CNE/CP n. 14/2012, ela deve estar articulada com todos os níveis e modalidades de ensino, sendo um princípio pedagógico e político veiculado nos processos educacionais pelo prisma da transversalidade.

Para tanto, os objetivos da educação ambiental indicam a necessidade de possibilitar aos sujeitos da aprendizagem a compreensão do meio ambiente em sua complexidade e o acesso às informações acerca do domínio socioambiental, além de colaborar para a formação crítica na preservação do meio ambiente como exercício da cidadania (Brasil, 2012f).

Tendo isso em vista, as Diretrizes Nacionais para a Educação Ambiental propõem que a abordagem curricular para a educação ambiental "enfatize a natureza como fonte de vida e relacione a dimensão ambiental à justiça social, aos direitos humanos, à saúde, ao trabalho, ao consumo, à pluralidade étnica, racial, de gênero, e ao enfrentamento do racismo e de todas as formas de discriminação e injustiça social" (Brasil, 2012d, p. 18).

Assim, no âmbito curricular, o Parecer CNE/CP n. 14/2012 propõe o que está explicitado a seguir.

Elementos a serem considerados sobre educação ambiental nos currículos

I. estimular:

a) visão integrada, multidimensional da área ambiental, considerando o estudo da diversidade biogeográfica e seus processos ecológicos vitais, as influências políticas, sociais, econômicas, psicológicas, dentre outras, na relação entre sociedade, meio ambiente, natureza, cultura, ciência e tecnologia;

b) pensamento crítico por meio de estudos filosóficos, científicos, socioeconômicos, políticos e históricos, na ótica da sustentabilidade socioambiental, valorizando a participação, a cooperação e a ética;

c) reconhecimento e valorização da diversidade dos múltiplos saberes e olhares científicos e populares sobre o meio ambiente, em especial de povos originários e de comunidades tradicionais;

d) vivências que promovam o reconhecimento, o respeito, a responsabilidade e o convívio cuidadoso com os seres vivos e seu habitat;

e) reflexão sobre as desigualdades socioeconômicas e seus impactos ambientais, que recaem, principalmente, sobre os grupos vulneráveis, visando à conquista da justiça ambiental;

f) uso das diferentes linguagens para a produção e a socialização de ações e experiências coletivas de educomunicação, a qual propõe a integração da comunicação com o uso de recursos tecnológicos na aprendizagem.

II. contribuir para:

a) o reconhecimento da importância dos aspectos constituintes e determinantes da dinâmica da natureza, contextualizando os conhecimentos a partir da paisagem, da bacia hidrográfica, do bioma, do clima, dos processos geológicos, das ações antrópicas e suas interações sociais e políticas, analisando os diferentes recortes territoriais, cujas riquezas e potencialidades, usos e problemas devem ser identificados e compreendidos segundo a gênese e a dinâmica da natureza e das alterações provocadas pela sociedade;

b) a revisão de práticas escolares fragmentadas buscando construir outras práticas que considerem a interferência do ambiente na qualidade de vida das sociedades humanas nas diversas dimensões local, regional e planetária;

c) o estabelecimento das relações entre as mudanças do clima e o atual modelo de produção, consumo e organização social, visando à prevenção de desastres ambientais e à proteção das comunidades;

d) a promoção do cuidado e responsabilidade com as diversas formas de vida, do respeito às pessoas, culturas e comunidades;

e) a valorização dos conhecimentos referentes à saúde ambiental, inclusive no meio ambiente de trabalho, com ênfase na promoção da saúde para melhoria da qualidade de vida;

f) construção da cidadania planetária, a partir da perspectiva crítica e transformadora dos desafios ambientais a serem enfrentados pelas atuais e futuras gerações.

III. promover a realização de:
a) observação e estudo da natureza e de seus sistemas de funcionamento para possibilitar a descoberta de como as formas de vida relacionam-se entre si e os ciclos naturais interligam-se e integram-se uns aos outros;
b) ações pedagógicas que permitam aos sujeitos a compreensão crítica da dimensão ética e política das questões socioambientais, situadas tanto na esfera individual como na esfera pública;
c) projetos e atividades, inclusive artísticas e lúdicas, que valorizem o sentido de pertencimento dos seres humanos à natureza, a diversidade dos seres vivos, as diferentes culturas locais, a tradição oral, entre outras, inclusive desenvolvidas em espaços nos quais os estudantes se identifiquem como integrantes da natureza, estimulando a percepção do meio ambiente como fundamental para o exercício da cidadania;
d) experiências que contemplem a produção de conhecimentos científicos socioambientalmente responsáveis, a interação, o cuidado, a preservação e o conhecimento da sociobiodiversidade e da sustentabilidade da vida na Terra;
e) trabalho de comissões, grupos ou outras formas de atuação coletiva favoráveis à promoção de educação entre pares, para participação no planejamento, execução, avaliação e gestão de projetos de intervenção e ações de sustentabilidade socioambiental na instituição educacional e na comunidade, com foco na prevenção de riscos, na proteção e preservação do meio ambiente e da saúde humana e na construção de sociedades sustentáveis.

Fonte: Brasil, 2012d, p. 20-22.

Tendo em vista as questões levantadas aqui sobre a dimensão do currículo e a educação ambiental, os desafios que se colocam nas modalidades de ensino formal são a tradução dos conceitos apresentados para a prática cotidiana dos professores. É preciso tornar os currículos escolares e as salas de aula espaços de luta para a constituição de uma consciência ambiental crítica em respeito à dignidade humana.

Síntese

Com o estudo deste capítulo, você pôde compreender a importância, a necessidade, as previsões legais e a abordagem metodológica referentes a direitos humanos, diversidade, inclusão e educação ambiental, temáticas que precisam ser debatidas, desenvolvidas e sistematizadas na escola.

Esses temas permeiam as relações sociais e se constituem em demandas atuais. A escola não pode omitir-se em relação a eles; ao contrário, precisa promover um amplo trabalho por meio das diversas disciplinas ou áreas do conhecimento. Tal é a relevância desses temas que todos ensejaram a elaboração de documentos normativos específicos, bem como integraram o debate e a redação do PNE.

Indicações culturais

Artigo

FERNANDES, E. Parceria que inclui. **Gestão Escolar**, São Paulo, ano V, n. 28, p. 20-27, out./nov. 2013. Disponível em: <https://gestaoescolar.org.br/conteudo/172/parceria-que-inclui>. Acesso em: 16 jan. 2024.

Esse artigo orienta os profissionais da educação em relação às instâncias, às instituições e aos profissionais que podem contribuir para o processo de inclusão. Também apresenta a experiência positiva de três escolas que conseguiram garantir uma rede de apoio para promover a inclusão.

Filme

COMO ESTRELAS na terra: toda criança é especial. Direção: Aamir Khan. Índia: Walt Disney Home Entertainment, 2007. 165 min.

O filme retrata a história de um menino de 9 anos que tem dislexia. Ele repete três vezes o mesmo ano escolar e não consegue ler e escrever. O pai do menino acredita que o que lhe falta é disciplina e o trata com muito rigor e falta de sensibilidade, levando-o para um internato, o que faz com que a situação se agrave. Um professor substituto de Artes percebe as dificuldades do menino, realiza um diagnóstico e começa a trabalhar com ele, incentivando-o e motivando-o.

Livros

PAULA, C. R. de. **Educar para a diversidade**: entrelaçando redes, saberes e identidades. Curitiba: Ibpex, 2010.

O livro oferece uma reflexão sobre o modelo escolar brasileiro, o qual, historicamente, valorizou ideias excludentes e contribuiu para neutralizar e silenciar as diferenças. A obra ressalta que a solução para a intolerância à diferença nas escolas e na sociedade deve ser tratada dentro e fora das salas de aula, principalmente com políticas educacionais eficientes. A autora aborda conceitos importantes, como desigualdade social e cultural, diferenças de gênero e cor, a fim de subsidiar o professor no trabalho com a diversidade. O livro apresenta, ainda, textos complementares de diversos autores e estilos, que aprofundam os temas contemplados em cada capítulo da obra.

WILLIS, J. **Esta é Sílvia**. Tradução de Lisabeth Bansi. Rio de Janeiro: Salamandra, 2000.

Essa obra literária infantil utiliza a linguagem poética para retratar a vida de Sílvia, uma garota com deficiência física. A história mostra que Sílvia tem uma vida igual à das demais crianças de sua idade.

Vídeos

BRASIL. Ministério da Educação. Caminhos para inclusão. **TV Escola**, 2014. Disponível em: <https://youtu.be/GpLpGG9kiP0>. Acesso em: 14 jan. 2024.

O vídeo retrata uma experiência de inclusão na educação infantil. Apresenta relatos dos profissionais da escola, da criança e de sua mãe, assim como experiências pedagógicas desenvolvidas. Simultaneamente, uma profissional especialista faz uma retrospectiva e a defesa da inclusão.

CASAGRANDE, F. Um aluno chamado Matheus. **Nova Escola**, 2009. Disponível em: <https://youtu.be/tAj_QPJrNUA>. Acesso em: 7 jan. 2024.

O vídeo retrata a experiência de inclusão, numa turma de 1ª série, em uma escola em São Paulo, envolvendo um estudante autista de 14 anos. É apresentado o relato dos profissionais da escola, do estudante incluído, da mãe e de outra estudante.

LOURO, G. L. Nós da educação: gênero e sexualidade na escola. Parte 1. **TV Paulo Freire**, 2008. Disponível em: <http://www.educadores.diaadia.pr.gov.br/modules/video/showVideo.php?video=13739>. Acesso em: 7 jan. 2024.

LOURO, G. L. Nós da educação: gênero e sexualidade na escola. Parte 2. **TV Paulo Freire**, 2008. Disponível em: <http://www.educadores.diaadia.pr.gov.br/modules/video/showVideo.php?video=13740>. Acesso em: 7 jan. 2024.

LOURO, G. L. Nós da educação: gênero e sexualidade na escola. Parte 3. **TV Paulo Freire**, 2008. Disponível em: <http://www.educadores.diaadia.pr.gov.br/modules/video/showVideo.php?video=13741>. Acesso em: 7 jan. 2024.

Nesses vídeos, produzidos no ano de 2008, a professora Guacira Lopes Louro, doutora em Educação pela Universidade Estadual de Campinas (Unicamp) e professora da Universidade Federal do Rio Grande do Sul (UFRGS), faz uma análise crítica e histórica das questões de gênero e sexualidade, assim como sugere algumas práticas curriculares relacionadas a essas temáticas que podem ser desenvolvidas pelos professores.

ZUMBI somos nós. Direção: Frente 3 de Fevereiro. Brasil: Gullane Filmes/Fundação Padre Anchieta (TV Cultura)/Associação Brasileira das Emissoras Públicas, Educativas e Culturais (Abepec), 2007. 52 min.

Esse documentário realiza uma reflexão crítica sobre as questões raciais no Brasil no período contemporâneo utilizando-se da história. Propõe, então, estratégias artísticas para responder a essas questões. Apresenta ainda depoimentos de músicos e pesquisadores.

Atividades de autoavaliação

1. Leia a citação a seguir:

> Visitei uma escola que me diziam ser "inclusiva". Numa turma de 4ª série, encontrei um aluno que diziam estar "incluído". Copiava frases escritas no quadro tão lentamente que, no fim da cópia, a folha foi para o lixo – estava empastada de saliva, que escorria sem que ele conseguisse se conter. No fundo da sala, o "incluído" tornara-se invisível. A professora explicou por que razão o "incluído" ali estava: "Que quer que eu faça? Ela continua com o livro da 1ª série. Com mais de 30 alunos, já é difícil ensinar os normais. Agora, colocam-me um deficiente na sala. Eu nunca tive formação para isso. Não dá!". (Pacheco, 2008/2009, p. 9)

A situação relatada por Pacheco (2008/2009) revela que há problemas no processo de inclusão de estudantes com deficiência, transtorno global do desenvolvimento e altas habilidades/superdotação em nossas escolas. Com base nos fundamentos teórico-metodológicos apresentados neste livro, indique quais ações devem ser implementadas para assegurar a superação de situações como essa.

I. O estudante incluído deve receber Atendimento Educacional Especializado (AEE).

II. O currículo escolar deve ser flexibilizado conforme as necessidades e características do estudante incluído.

III. O estudante deve ser matriculado na escola especial.

IV. As instâncias político-administrativas dos sistemas e das redes de ensino precisam ofertar a infraestrutura adequada e necessária para a permanência, a aprendizagem e o desenvolvimento dos estudantes incluídos.

V. O estudante incluído é de responsabilidade do professor; portanto, cabe exclusivamente a esse profissional assegurar todas as condições necessárias para a inclusão.

Estão corretas as afirmativas:
a) I, II e V.
b) I, II e IV.
c) III, IV e V.
d) I, III e IV.

2. De acordo com Mantoan (2008/2009, p. 18):

> a escola das diferenças é um forte chamamento para que nos mobilizemos como pais e educadores em torno do movimento em favor da escola flexível. O perigo está em confundir flexibilização com facilitação e complacência, que rebaixam a qualidade do ensino e das relações que estabelecemos com as diferenças ao produzi-las nas escolas.

Para assegurar que a preocupação descrita por Mantoan (2008/2009) não se concretize, é necessário entender a flexibilização curricular como:

I. simplificação do currículo, diminuição, recorte ou extinção de conhecimentos ou de objetivos próprios da etapa, do ciclo ou do ano em que o estudante está matriculado.

II. responsabilidade exclusiva do professor.

III. modificações realizadas no currículo, a fim de adaptá-lo às necessidades de aprendizagem dos estudantes e garantir a qualidade do processo de inclusão.

IV. condições de infraestrutura adequadas ofertadas pelas instâncias político-administrativas dos sistemas e redes de ensino.

Conforme os fundamentos teórico-metodológicos apresentados neste livro, assinale a alternativa correta:
a) Todas as afirmativas estão corretas.
b) Apenas as afirmativas I e III estão corretas.
c) Apenas as afirmativas II, III e IV estão corretas.
d) Apenas as afirmativas III e IV estão corretas.

3. Leia a citação a seguir:

> A escola, que deveria abraçar as diferenças, pode ser o ambiente mais opressivo que existe, defende Iana Mallmann [...] ativista contra a homofobia. Muitos ainda abandonam as salas de aula por não se sentirem bem nesse espaço, completa Beto de Jesus, secretário para América Latina e Caribe da Associação Internacional de Lésbicas, Gays, Bissexuais, pessoas Trans e Intersex. (Soares, 2015, p. 25)

Para superar a situação descrita, é necessário:

I. reconhecer que existem diferenças, acolhê-las, respeitá-las e tratar cada sujeito conforme as suas necessidades e especificidades, utilizando tratamentos diferenciados, quando isso for preciso.

II. respeitar as diferenças de cada estudante, mas dispensando atendimento igual para todos, caso contrário, as desigualdades serão reforçadas.

III. inserir no currículo conhecimentos relacionados exclusivamente às diferenças que existem entre os estudantes de cada turma, pois, se ocorrer a inserção de muitos conhecimentos, o professor não conseguirá cumprir o programa curricular.

IV. inserir no currículo conhecimentos relacionados às relações étnico-raciais, à história e cultura afro-brasileira, africana, indígena, cigana, às relações de gênero e diversidade sexual, à cultura do campo e de outros povos e comunidades tradicionais, a fim de estabelecer o debate, desvelar os preconceitos e assegurar a compreensão histórica e científica sobre história, características, valores e especificidades desses povos e comunidades.

Conforme os fundamentos teórico-metodológicos apresentados neste livro, assinale a alternativa correta:

a) Apenas as afirmativas I e IV estão corretas.
b) Apenas as afirmativas I e III estão corretas.
c) Apenas as afirmativas II e III estão corretas.
d) Todas as afirmativas estão corretas.

4. Os professores de uma escola estão desenvolvendo um projeto com base no tema *educação ambiental*, o qual está sendo trabalhado em diversas disciplinas, articulado aos aspectos sociais, políticos e econômicos.

Conforme os fundamentos teórico-metodológicos apresentados neste livro, a prática desenvolvida pelos professores está:

a) incorreta, pois o tema *educação ambiental* dever ser sistematizado somente na disciplina de Ciências da Natureza.
b) correta, pelo fato de o tema perpassar as diversas disciplinas; no entanto, está incorreta por abordar aspectos sociais, políticos e econômicos, pois estes não interferem nas temáticas ambientais.
c) correta, pois o tema *educação ambiental* precisa perpassar as diversas disciplinas, bem como ser problematizado em relação a aspectos sociais, políticos e econômicos, pois os aspectos naturais não se configuram de forma espontânea, isolada ou estanque.
d) incorreta, pois o tema *educação ambiental* é componente curricular de Geografia, não sendo adequado trabalhá-lo em outras disciplinas.

5. A escola atual precisa desenvolver os seguintes temas: direitos humanos, diversidade, inclusão e educação ambiental. Com base nas informações apresentadas neste livro, por que o currículo precisa contemplar esses temas?

I. Porque correspondem às demandas sociais e às necessidades dos estudantes.

II. Porque auxiliam na formação de sujeitos críticos e capazes de interferir na sociedade.

III. Porque ajudam a desvelar os preconceitos e assegurar a compreensão histórica e científica.

IV. Para atender às determinações legais.

É possível afirmar:
a) Somente a afirmativa II está correta.
b) Todas as afirmativas estão corretas.
c) A afirmativa IV está incorreta.
d) As afirmativas I, II e IV estão corretas.

Atividades de aprendizagem

Questão para reflexão

1. Assista ao vídeo "As cores das flores" e reflita sobre as questões a seguir:

AS CORES das flores. 15 maio 2011. Disponível em: <https://youtu.be/s6NNOeiQpPM>. Acesso em: 7 jan. 2024.

a) Qual é sua opinião a respeito da proposta feita pela professora?
b) Você avalia que a proposta feita por ela é coerente com os pressupostos da inclusão? Por quê?

Atividades aplicadas: prática

1. Entreviste um professor que trabalhe com estudantes de inclusão, apresentando-lhe as seguintes questões:
   a) Você realiza flexibilização, adequação ou adaptação curricular?
   b) Cite alguns exemplos de flexibilização, adequação ou adaptação curricular que você já realizou.

   Analise se as respostas são coerentes com os pressupostos orientados neste livro. Registre sua análise.

2. Pesquise em *sites* de busca, em jornais ou revistas uma notícia ou reportagem que aborde práticas de preconceito ou discriminação em decorrência de atributos geracionais, de raça ou de etnia, de gênero, de capacidade física, de orientação sexual, de religião, de idioma ou de origem regional. Analise: Você avalia que essas situações precisam ser discutidas na escola? Por quê? Como essa notícia ou reportagem poderia ser sistematizada em sala de aula com os estudantes?

Considerações finais

Ninguém caminha sem aprender a caminhar, sem aprender a fazer o caminho caminhando, refazendo e retocando o sonho pelo qual se pôs a caminhar. (Freire, 1992, p. 79)

Não há como se referir às finalidades do trabalho da escola e do professor sem analisar e discutir o currículo escolar, pois este se constitui em um planejamento da organização didático-pedagógica dessa instituição e corresponde às práticas escolares que envolvem os conhecimentos do patrimônio cultural, artístico, ambiental, científico e tecnológico articulados às experiências dos estudantes, ou seja, o currículo escolar está diretamente atrelado à função social da escola.

Conforme já afirmamos nesta obra, essa concepção de currículo se fundamenta nas teorias críticas e pós-críticas do campo de estudos curriculares, pois acreditamos que o currículo defendido pelas teorias tradicionais não corresponde às necessidades e expectativas da escola atual, a qual tem o compromisso com a formação integral e cidadã de seus estudantes.

Nessa perspectiva, o currículo precisa ser elaborado com base nas determinações e orientações dos documentos normativos e oficiais, considerando as especificidades e os interesses dos estudantes e da comunidade escolar na qual será desenvolvido. Ainda, deve ser construído com a participação e a contribuição de todos os sujeitos escolares (estudantes, profissionais da escola, famílias) e de maneira articulada ao projeto político-pedagógico (PPP), o qual corresponde ao planejamento global da escola.

A fim de contribuir com a organização da prática do professor, o currículo precisa prever, principalmente, quais conhecimentos serão sistematizados, por meio de qual abordagem didático-pedagógica deverá ocorrer tal sistematização, qual função terá a prática avaliativa, entre outros aspectos que a comunidade escolar considerar importantes.

Para desenvolver o currículo escolar, cabe ao professor elaborar e efetivar outra dimensão do planejamento escolar: o plano de trabalho docente, que organiza as ações em sala de aula com os estudantes e se constitui em um instrumento orientador da prática pedagógica, colaborando para que ela seja segura e consciente.

Assim, apontamos a necessidade e a importância da ampliação dos conhecimentos dos alunos de licenciaturas e dos professores em relação ao currículo escolar. Esta obra objetivou contribuir para tal ampliação, provocando reflexões e apresentando proposições. Entretanto, a temática é complexa e precisa ser aprofundada e fortalecida constantemente.

Lista de siglas

AEE – Atendimento Educacional Especializado

ANA – Avaliação Nacional da Alfabetização

Aneb – Avaliação Nacional da Educação Básica

Anresc – Avaliação Nacional do Rendimento Escolar/Prova Brasil

BNCC – Base Nacional Comum Curricular

CAEE – Centro de Atendimento Educacional Especializado

CEB – Câmara de Educação Básica

Cebrap – Centro Brasileiro de Análise e Planejamento

CF – Constituição Federal

CNE – Conselho Nacional de Educação

Conae – Conferência Nacional de Educação

CP – Conselho Pleno

DCN – Diretrizes Curriculares Nacionais

EA – Educação ambiental

Enade – Exame de Desempenho dos Estudantes

Fipe – Fundação Instituto de Pesquisas Econômicas

GGB – Grupo Gay da Bahia

Inep – Instituto Nacional de Estudos e Pesquisas Educacionais Anísio Teixeira

LDBEN – Lei de Diretrizes e Bases da Educação Nacional

LLECE – Laboratório Latino-Americano de Avaliação da Qualidade da Educação para a América Latina

MEC – Ministério da Educação

OCDE – Organização para a Cooperação e Desenvolvimento Econômico

Pabaee – Programa de Assistência Brasileiro-Americano ao Ensino Elementar

Pisa – Programa Internacional de Avaliação de Alunos

PNE – Plano Nacional de Educação

PPP – Projeto político-pedagógico

Saeb – Sistema Nacional de Avaliação da Educação Básica

Sinaes – Sistema Nacional de Avaliação da Educação Superior

Sinan – Sistema de Informação de Agravos de Notificação

Unesco – Organização das Nações Unidas para a Educação, a Ciência e a Cultura

Usaid – United States Agency for International Development

Referências

AFONSO, A. J. **Avaliação educacional**: regulação e emancipação – para uma sociologia das políticas avaliativas contemporâneas. São Paulo: Cortez, 2000.

ALVES, M. M. F.; OLIVEIRA, B. R. de. A trajetória da Base Nacional Comum Curricular (BNCC): análise dos textos oficiais. **Olhar de Professor**, Ponta Grossa, v. 25, p. 1-21, 2022. Disponível em: <https://revistas.uepg.br/index.php/olhardeprofessor/article/view/20537>. Acesso em: 7 jan. 2024.

ALVES, R. Gaiolas e asas. **Folha de S.Paulo**, São Paulo, 5 dez. 2001. Opinião. Disponível em: <http://www1.folha.uol.com.br/fsp/opiniao/fz0512200109.htm>. Acesso em: 7 jan. 2024.

AMARAL, A. Projeto político-pedagógico: o que manter? O que descartar? **Gestão Escolar**, São Paulo, ano V, n. 29, p. 22-29, dez. 2013/jan. 2014.

AMORIM, A. L. N. de. **Sobre educar na creche**: é possível pensar em currículo para crianças de zero a três anos? 333 f. Tese (Doutorado em Educação) – Centro de Educação, Universidade Federal da Paraíba, João Pessoa, 2011. Disponível em: <https://repositorio.ufpb.br/jspui/handle/tede/4727?locale=pt_BR>. Acesso em: 9 jan. 2024.

ANASTASIOU, L. G. C. Ensinar, aprender, apreender e processos de ensinagem. In: ANASTASIOU, L. G. C.; ALVES, L. P. (Org.). **Processos de ensinagem na universidade**: pressupostos para as estratégias de trabalho em aula. Joinville: Univille, 2007. p. 15-43.

APP – Sindicato dos Trabalhadores em Educação Pública do Paraná. Avaliação das políticas educacionais: propostas dos/ as trabalhadores/as em educação para o próximo governo. In: CONFERÊNCIA ESTADUAL DA APP SINDICATO, 6., 2014, Curitiba. **Caderno de Debates**, 2014. Disponível em: <http://www.app.com.br/portalapp/imprensa/APP_caderno_debates_2014.pdf>. Acesso em: 13 nov. 2015.

APPLE, M. W. **Ideologia e currículo**. Tradução de Carlos Eduardo Ferreira de Carvalho. São Paulo: Brasiliense, 1982.

AQUINO, L. M. L. de; VASCONCELLOS, V. M. R. de. Orientação curricular para a educação infantil: Referencial Curricular Nacional e Diretrizes Curriculares Nacionais. In: VASCONCELLOS, V. M. R. de (Org.). **Educação da infância**: história e política. Rio de Janeiro: DP&A, 2005. p. 99-115.

ARANHA, M. L. de A. **Filosofando**: introdução à filosofia. 2. ed. São Paulo: Moderna, 1993.

ARANHA, M. L. de A. **História da educação e da pedagogia**: geral e Brasil. 3. ed. São Paulo: Moderna, 2006.

ARANHA, M. L. de A. **História da educação**. São Paulo: Moderna, 1989.

ARANHA, M. S. F. **Projeto Escola Viva**: garantindo o acesso e permanência de todos os alunos na escola – necessidades educacionais especiais dos alunos. Brasília: MEC/Seesp, 2000. Disponível em: <http://portal.mec.gov.br/seesp/arquivos/pdf/construindo.pdf>. Acesso em: 14 jan. 2024.

ARROYO, M. G. **Indagações sobre currículo**: educandos e educadores – seus direitos e o currículo. Brasília: MEC/SEB, 2007. Disponível em: <http://portal.mec.gov.br/seb/arquivos/pdf/Ensfund/indag2.pdf>. Acesso em: 14 jan. 2024.

BATISTA, C. O. O processo comunicacional da avaliação nas práticas de professores universitários. In: VILLAS BOAS, B. M. de F. (Org.). **Avaliação formativa**: práticas inovadoras. Campinas: Papirus, 2011. p. 43-70.

BENTO, J. K. **O discurso da Base Nacional Comum Curricular**: "Educação é a Base". 134 f. Dissertação (Mestrado em Educação) – Universidade Federal de Alagoas, Maceió, 2020. Disponível em: <https://www.repositorio.ufal.br/handle/123456789/10659>. Acesso em: 12 jan. 2024.

BOBBITT, F. **The Curriculum**. Boston: Houghton Mifflin Company, 1918.

BRASIL. Comitê Nacional de Educação em Direitos Humanos. **Plano Nacional de Educação em Direitos Humanos**. Brasília: Secretaria Especial dos Direitos Humanos; Ministério da Educação; Ministério da Justiça; Unesco, 2007. Disponível em: <http://portal.mec.gov.br/docman/2191-plano-nacional-pdf/file>. Acesso em: 14 jan. 2024.

BRASIL. Constituição (1988). **Diário Oficial da União**, Brasília, DF, 5 out. 1988. Disponível em: <https://www.planalto.gov.br/ccivil_03/constituicao/constituicao.htm>. Acesso em: 7 jan. 2024.

BRASIL. Constituição (1988). Emenda Constitucional n. 53, de 19 de dezembro de 2006. **Diário Oficial da União**, Poder Legislativo, Brasília, DF, 20 dez. 2006. Disponível em: <http://www.planalto.gov.br/ccivil_03/constituicao/emendas/emc/emc53.htm>. Acesso em: 7 jan. 2024.

BRASIL. Lei n. 9.131, de 24 de novembro de 1995. **Diário Oficial da União**, Poder Executivo, Brasília, DF 25 nov. 1995. Disponível em: <https://www.planalto.gov.br/ccivil_03/leis/l9131.htm>. Acesso em: 7 jan. 2024.

BRASIL. Lei n. 9.394, de 20 de dezembro de 1996. **Diário Oficial da União**, Poder Legislativo, Brasília, DF, 23 dez. 1996. Disponível em: <http://www.planalto.gov.br/ccivil_03/leis/l9394.htm>. Acesso em: 7 jan. 2024.

BRASIL. Lei n. 12.796, de 4 de abril de 2013. **Diário Oficial da União**, Poder Executivo, Brasília, DF, 5 abr. 2013a. Disponível em: <http://www.planalto.gov.br/ CCIVIL_03/_Ato2011-2014/2013/Lei/L12796.htm>. Acesso em: 7 jan. 2024.

BRASIL. Lei n. 13.005, de 25 de junho de 2014. **Diário Oficial da União**, Poder Legislativo, Brasília, DF, 26 jun. 2014a. Disponível em: <https://www.planalto.gov.br/ccivil_03/_ato2011-2014/2014/lei/l13005.htm>. Acesso em: 12 jan. 2024.

BRASIL. Ministério da Educação. **Base Nacional Comum Curricular**: educação é a base. Brasília, 2018a. Disponível em: <http://basenacionalcomum.mec.gov.br/images/BNCC_EI_EF_110518_versaofinal_site.pdf>. Acesso em: 7 jan. 2024.

BRASIL. Ministério da Educação. **Base Nacional Comum Curricular**: proposta preliminar. Brasília, 2015. Disponível em: <http://basenacionalcomum.mec.gov.br/images/relatorios-analiticos/BNCC-APRESENTACAO.pdf>. Acesso em: 1º fev. 2024.

BRASIL. Ministério da Educação. **Base Nacional Comum Curricular**: proposta preliminar – segunda versão revista. Brasília, 2016. Disponível em: <http://portal.mec.gov.br/docman/maio-2016-pdf/40791-bncc-proposta-preliminar-segunda-versao-pdf/file>. Acesso em: 1º fev. 2024.

BRASIL. Ministério da Educação. **Campos de experiências**: efetivando direitos e aprendizagens na educação infantil. São Paulo: Fundação Santillana, 2018b. Disponível em: <https://movimentopelabase.org.br/wp-content/uploads/2019/04/Campos-de-Experi%C3%AAncias-PDF-interativo-2.pdf>. Acesso em: 7 jan. 2024.

BRASIL. Ministério da Educação. **Campos de experiências**: efetivando direitos e aprendizagens na educação infantil. Resumo. São Paulo:

Fundação Santillana, 2018c. Disponível em: <https://issuu.com/fmcsv/docs/campos-experiencias-direitos-aprend_7edfd0d24e80a5>. Acesso em: 7 jan. 2024.

BRASIL. Ministério da Educação. Comitê Nacional de Educação Financeira. **Educação financeira nas escolas**: ensino médio – livro do professor. Brasília, 2013b. Disponível em: <http://portal.mec.gov.br/docman/marco-2014-pdf/15361-aluno-caderno01-2014>. Acesso em: 12 jan. 2024.

BRASIL. Ministério da Educação. Conselho Nacional de Educação. Câmara de Educação Básica. Parecer n. 5, de 4 de maio de 2011. Relator: José Fernandes de Lima. **Diário Oficial da União**, Brasília, DF, 24 jan. 2012a. Disponível em: <http://pactoensinomedio.mec.gov.br/images/pdf/pceb005_11.pdf>. Acesso em: 7 jan. 2024.

BRASIL. Ministério da Educação. Conselho Nacional de Educação. Câmara de Educação Básica. Parecer n. 7, de 7 de abril de 2010. Relatora: Clélia Brandão Alvarenga Craveiro. **Diário Oficial da União**, Brasília, DF, 9 jul. 2010a. Disponível em: <http://portal.mec.gov.br/index.php?option=com_docman&view=download&alias=5367-pceb007-10&category_slug=maio-2010-pdf &Itemid=30192>. Acesso em: 7 jan. 2024.

BRASIL. Ministério da Educação. Conselho Nacional de Educação. Câmara de Educação Básica. Parecer n. 11, de 7 de julho de 2010. Relator: Cesar Callegari. **Diário Oficial da União**, Brasília, DF, 9 dez. 2010b. Disponível em: <http://portal.mec.gov.br/index.php?option=com_docman&view=download&alias=6324-pceb011-10& category_slug=agosto- 2010-pdf&Itemid=30192>. Acesso em: 7 jan. 2024.

BRASIL. Ministério da Educação. Conselho Nacional de Educação. Câmara de Educação Básica. Parecer n. 13, de 3 de junho de 2009. Relatora: Clélia Brandão Alvarenga Craveiro. **Diário Oficial da União**, Brasília, DF, 24 set. 2009a. Disponível em: <http://portal.mec.gov.br/dmdocuments/pceb013_09_homolog.pdf>. Acesso em: 7 jan. 2024.

BRASIL. Ministério da Educação. Conselho Nacional de Educação. Câmara de Educação Básica. Parecer n. 20, de 11 de novembro de 2009. Relator: Raimundo Moacir Mendes Feitosa. **Diário Oficial da União**, Brasília, DF, 9 dez. 2009b. Disponível em: <http://portal.mec.gov.br/dmdocuments/pceb020_09.pdf>. Acesso em: 7 jan. 2024.

BRASIL. Ministério da Educação. Conselho Nacional de Educação. Câmara de Educação Básica. Resolução n. 2, de 30 de janeiro de 2012. **Diário Oficial da União**, Brasília, DF, 31 jan. 2012b. Disponível em: <http://pactoensinomedio.mec.gov.br/images/pdf/resolucao_ceb_002_30012012.pdf>. Acesso em: 7 jan. 2024.

BRASIL. Ministério da Educação. Conselho Nacional de Educação. Câmara de Educação Básica. Resolução n. 4, de 2 de outubro de 2009. **Diário Oficial da União**, Brasília, DF, 5 out. 2009c. Disponível em: <http://portal.mec.gov.br/dmdocuments/rceb004_09. pdf>. Acesso em: 7 jan. 2024.

BRASIL. Ministério da Educação. Conselho Nacional de Educação. Câmara de Educação Básica. Resolução n. 4, de 13 de julho de 2010. **Diário Oficial da União**, Brasília, DF, 13 jul. 2010c. Disponível em: <http://www.prograd.ufu.br/legislacoes/resolucao-cneceb-no-4-de-13-de-julho-de-2010>. Acesso em: 7 jan. 2024.

BRASIL. Ministério da Educação. Conselho Nacional de Educação. Câmara de Educação Básica. Resolução n. 5, de 17 de dezembro de 2009. **Diário Oficial da União**: Brasília, DF, 18 dez. 2009d. Disponível em: <http://portal.mec.gov.br/dmdocuments/rceb005_09. pdf>. Acesso em: 7 jan. 2024.

BRASIL. Ministério da Educação. Conselho Nacional de Educação. Câmara de Educação Básica. Resolução n. 7, de 14 de dezembro de 2010. **Diário Oficial da União**, Brasília, DF, 15 dez. 2010d. Disponível em: <http://portal.mec.gov.br/dmdocuments/rceb007_10. pdf>. Acesso em: 7 jan. 2024.

BRASIL. Ministério da Educação. Conselho Nacional de Educação. Conselho Pleno. Parecer n. 8, de 6 de março de 2012. Relatora: Rita Gomes do Nascimento. **Diário Oficial da União**, Brasília, DF, 30 maio 2012c. Disponível em: <https://normativasconselhos.mec.gov.br/normativa/view/CNE_PAR_CNECPN82012.pdf?query=resolu>. Acesso em: 12 jan. 2024.

BRASIL. Ministério da Educação. Conselho Nacional de Educação. Conselho Pleno. Parecer n. 14, de 6 de junho de 2012. Relatora: Clélia Brandão Alvarenga Craveiro. **Diário Oficial da União**, Brasília, DF, 15 jun. 2012d. Disponível em: <https://normativasconselhos.mec.gov.br/normativa/view/CNE_PAR_CNECPN142012. pdf?query=Educacao%20Ambiental>. Acesso em: 7 jan. 2024.

BRASIL. Ministério da Educação. Conselho Nacional de Educação. Conselho Pleno. Resolução n. 1, de 30 de maio de 2012. **Diário Oficial da União**, Brasília, DF, 31 maio. 2012e. Disponível em: <http://portal.mec.gov.br/index.php?option=com_docman&view=download&alias=10889-rcp001-12&category_slug=maio-2012-pdf&Itemid=30192>. Acesso em: 7 jan. 2024.

BRASIL. Ministério da Educação. Conselho Nacional de Educação. Conselho Pleno. Resolução n. 2, de 15 de junho de 2012. **Diário Oficial da União**, Brasília, DF, 18 jun. 2012f. Disponível em: <http://portal.mec.gov.br/dmdocuments/rcp002_12.pdf>. Acesso em: 7 jan. 2024.

BRASIL. Ministério da Educação. Conselho Nacional de Educação. Conselho Pleno. Resolução n. 2, de 22 de dezembro de 2017. **Diário Oficial da União**, Brasília DF, 22 dez. 2017. Disponível em: <http://basenacionalcomum.mec.gov.br/images/historico/ RESOLUCAOCNE_CP222DEDEZEMBRODE2017.pdf>. Acesso em: 7 jan. 2024.

BRASIL. Ministério da Educação. Conselho Nacional de Educação. Conselho Pleno. Resolução n. 4, de 17 de dezembro de 2018. **Diário Oficial da União**, Brasília, DF, 18 dez. 2018d. Disponível em: <https://normativasconselhos.mec.gov.br/normativa/view/CNE_RES_ CNECPN42018.pdf>. Acesso em: 7 jan. 2024.

BRASIL. Ministério da Educação. Portaria n. 331, de 5 de abril de 2018. **Diário Oficial da União**, Brasília, DF, 6 abr. 2018e. Disponível em: <http://basenacionalcomum.mec.gov.br/images/historico/ PORTARIA331DE5DEABRILDE2018.pdf>. Acesso em: 7 jan. 2024.

BRASIL. Ministério da Educação. Secretaria de Articulação com os Sistemas de Ensino. **Planejando a próxima década**: conhecendo as 20 metas do Plano Nacional de Educação. Brasília, 2014b. Disponível em: <http://pne.mec.gov.br/images/pdf/pne_ conhecendo_20_metas.pdf>. Acesso em: 7 jan. 2024.

BRASIL. Ministério da Educação. Secretaria de Educação Básica. Diretoria de Currículos e Educação Integral. **Trajetórias criativas**: jovens de 15 a 17 anos no ensino fundamental – uma proposta metodológica que promove autoria, criação, protagonismo e autonomia. Cadernos 1-7. Brasília, 2014c. Disponível em: <http://portal.mec.gov.br/index. php?option=com_docman&task=doc_download&gid=16323>. Acesso em: 12 jan. 2024.

BRASIL. Ministério da Educação. Secretaria de Educação Básica. **Guia de Implementação da Base Nacional Comum Curricular**: orientações para o processo de implementação da BNCC. Brasília, 2020. Versão atualizada. Disponível em: <https:// implementacaobncc.com.br/wp-content/uploads/2020/02/guia_ implementacao_bncc_atualizado_2020.pdf>. Acesso em: 12 jan. 2024.

BRASIL. Ministério da Educação. Secretaria de Educação Básica. **Indicadores da qualidade na educação infantil**. Brasília, 2009e. Disponível em: <http://portal.mec.gov.br/dmdocuments/indic_qualit_ educ_infantil.pdf>. Acesso em: 7 jan. 2024.

BRASIL. Ministério da Educação. Secretaria de Educação Básica. Secretaria de Educação Continuada, Alfabetização, Diversidade e Inclusão. Secretaria de Educação Profissional e Tecnológica. Conselho Nacional de Educação. Câmara Nacional de Educação Básica. **Diretrizes Curriculares Nacionais da Educação Básica**.

Brasília, 2013c. Disponível em: <http://portal.mec.gov.br/index.php? option=com_docman&view= download&alias=15548-d-c-n-educ acao-basica-nova-pdf &Itemid=30192>. Acesso em: 7 jan. 2024.

BRASIL. Ministério da Educação. Secretaria de Educação Básica. Secretaria de Formação Continuada, Alfabetização e Diversidade. **Caderno de reflexões**: jovens de 15 a 17 anos no ensino fundamental. Brasília: Via Comunicação, 2011. Disponível em: <http://portal.mec.gov.br/index.php?option=com_docman&view=d ownload&alias=8301-coef2011-caderno-reflexoes&category_slug= junho-2011-pdf&Itemid= 30192>. Acesso em: 7 jan. 2024.

BRASIL. Ministério da Educação. Secretaria de Educação Continuada, Alfabetização e Diversidade. **Educação antirracista**: caminhos abertos pela Lei Federal n. 10.639/03. Brasília, 2005. (Coleção Educação para Todos). Disponível em: <http://www.dominiopublico. gov.br/pesquisa/DetalheObraForm.do?select_action=&co_ obra=16224>. Acesso em: 12 jan. 2024.

BRASIL. Ministério da Educação. Secretaria de Educação Fundamental. **Parâmetros Curriculares Nacionais**: introdução aos Parâmetros Curriculares Nacionais. Brasília, 1997. Disponível em: <http://portal. mec.gov.br/seb/arquivos/pdf/livro01.pdf>. Acesso em: 7 jan. 2024.

CANDAU, V. M. F.; MOREIRA, A. F. B. **Indagações sobre currículo**: currículo, conhecimento e cultura. Brasília: MEC/SEB, 2007. Disponível em: <http://portal.mec.gov.br/seb/arquivos/pdf/Ensfund/ indag3.pdf>. Acesso em: 9 jan. 2024.

CANDAU, V. M. F.; SACAVINO, S. B. Educação em direitos humanos e formação de educadores. **Educação**, Porto Alegre, v. 36, n. 1, p. 59-66, jan./abr. 2013. Disponível em: <https://revistaseletronicas. pucrs.br/ojs/index.php/faced/article/view/12319>. Acesso em: 14 jan. 2024.

CHARLOT, B. **Da relação com o saber**: elementos para uma teoria. Tradução de Bruno Magne. Porto Alegre: Artes Médicas Sul, 2000.

CIAVATTA, M.; RAMOS, M. A "era das diretrizes": a disputa pelo projeto de educação dos mais pobres. **Revista Brasileira de Educação**, v. 17, n. 49, p. 11-37, jan./abr. 2012. Disponível em: <http://www.scielo.br/ scielo.php?pid=S1413-24782012000100002&script=sci_arttext>. Acesso em: 7 jan. 2024.

COSTA-HÜBES, T. da C.; KRAEMER, M. A. D. (Org.). **Uma leitura crítica da Base Nacional Comum Curricular**: compreensões subjacentes. Campinas: Mercado de Letras, 2019.

DIAS SOBRINHO, J. **Avaliação**: políticas educacionais e reformas da educação superior. São Paulo: Cortez, 2003.

FERNANDES, C. de O.; FREITAS, L. C. de. **Indagações sobre currículo**: currículo e avaliação. Brasília: MEC/SEB, 2007. Disponível em: <http://portal.mec.gov.br/seb/arquivos/pdf/Ensfund/indag5.pdf>. Acesso em: 12 fev. 2016.

FERNANDES, D. **Avaliar para aprender**: fundamentos, práticas e políticas. São Paulo: Ed. da Unesp, 2009.

FERNANDES, E. Parceria que inclui. **Gestão Escolar**, São Paulo, ano V, n. 28, p. 20-27, out./ nov. 2013.

FINCO, D.; BARBOSA, M. C. S.; FARIA, A. L. G. de. (Org.). **Campos de experiências na escola da infância**: contribuições italianas para inventar um currículo de educação infantil brasileiro. Campinas: Leitura Crítica, 2015. Disponível em: <https://www.lume.ufrgs.br/bitstream/handle/10183/135352/000987199.pdf?sequence=1&isAllowed=y>. Acesso em: 4 nov. 2022.

FIPE – Fundação Instituto de Pesquisas Econômicas. MEC – Ministério da Educação. INEP– Instituto Nacional de Estudos e Pesquisas Educacionais Anísio Teixeira. **Projeto de estudo sobre ações discriminatórias no âmbito escolar, organizadas de acordo com áreas temáticas, a saber, étnico-racial, gênero, geracional, territorial, necessidades especiais, socioeconômica e orientação sexual**. São Paulo, 2009. Disponível em: <https://observatoriodeeducacao.institutounibanco.org.br/api/assets/0a7ec84f-4688-4ae3-bd02-57a6942f3b2a/>. Acesso em: 14 jan. 2024.

FOCHI, P. S. Criança, currículo e campos de experiências: notas reflexivas. **Conjectura – Filosofia & Educação**, Caxias do Sul, v. 25, p. 52-72, 2020. Disponível em: <http://www.ucs.br/etc/revistas/index.php/conjectura/article/view/8910>. Acesso em: 12 jan. 2024.

FRAIDENRAICH, V. Marilza Regattieri: "O ensino médio que está aí não faz sentido". **Gestão Escolar**, São Paulo, ed. 15, p. 1-3, ago./set. 2011. Disponível em: <http://gestaoescolar.abril.com.br/politicas-publicas/marilza-regattieri-fala-curriculo-ensino-medio-642461.shtml>. Acesso em: 7 jan. 2024.

FREIRE, P. **Pedagogia da esperança**: um reencontro com a pedagogia do oprimido. Rio de Janeiro: Paz e Terra, 1992.

FREITAS, D. N. T. de. **A avaliação da educação básica no Brasil**: dimensão normativa, pedagógica e educativa. Campinas: Autores Associados, 2007.

FREITAS, L. C. de et al. **Avaliação educacional**: caminhando pela contramão. 4. ed. Petrópolis: Vozes, 2012.

FREITAS, L. C. de. Os reformadores empresariais da educação e a disputa pelo controle do processo pedagógico na escola. **Educação & Sociedade**, Campinas, v. 35, n. 129, p. 1085-1114, out./dez. 2014. Disponível em: <https://www.scielo.br/j/es/a/xm7bSyCfyKm64zWGNbdy4Gx/?format=pdf&lang=pt>. Acesso em: 12 jan. 2024.

GANDIN, D. **Planejamento como prática educativa**. 12. ed. São Paulo: Loyola, 2002.

GOMES, N. L. Diversidade étnico-racial, inclusão e equidade na educação brasileira: desafios, políticas e práticas. **Revista Brasileira de Política e Administração da Educação**, Goiânia, v. 27, n. 1, p. 109-121, jan./abr. 2011. Disponível em: <https://seer.ufrgs.br/rbpae/article/download/19971/11602Acessoem>. Acesso em: 9 jan. 2024.

GOMES, N. L.; NUNES, M. do R.; SANTOS, M. M. E. dos. Educação e diversidade: direito e ação afirmativa. **Retratos da Escola**, Brasília, v. 7, n. 13, p. 231-252, jul./dez. 2013. Disponível em: <https://retratosdaescola.emnuvens.com.br/rde/article/download/302/472/1125>. Acesso em: 14 jan. 2024.

GÓMEZ-TORRES, M. J.; PASTOR, C. G. Una visión crítica de las adaptaciones curriculares. In: PÉREZ, R. (Coord.). **Educación y diversidad**: XV Jornadas Nacionales de Universidad y Educación Especial. Oviedo: Universidad de Oviedo, 1998. v. 1 e 2. p. 103-124.

GUBA, E. G.; LINCOLN, Y. S. **Fourth Generation Evaluation**. London: Sage, 1989.

HADJI, C. **Avaliação desmistificada**. Tradução de Patrícia C. Ramos. Porto Alegre: Artmed, 2001.

HAMILTON, D. Sobre as origens dos termos classe e curriculum. **Teoria e Educação**, Porto Alegre, n. 6, p. 33-52, jul. 1992.

HÉRNANDEZ, F. Após a aventura, perseguindo uma utopia. **Pátio Revista Pedagógica**, Porto Alegre, v. 13, n. 49, p. 56-59, fev./abr. 2009.

HOFFMANN, J. M. L. **Avaliação mediadora**: uma prática em construção da pré-escola à universidade. Porto Alegre: Mediação, 1993.

HOFFMANN, J. M. L. **Avaliação**: mito e desafio – uma perspectiva construtivista. 38. ed. Porto Alegre: Mediação, 2007a.

HOFFMANN, J. M. L. **Avaliação na pré-escola**: um olhar sensível e reflexivo sobre a criança. 15. ed. Porto Alegre: Mediação, 2009.

HOFFMANN, J. M. L. **O jogo do contrário em avaliação**. 4. ed. Porto Alegre: Mediação, 2008.

HOFFMANN, J. M. L. **Pontos e contrapontos**: do pensar ao agir em avaliação. 10. ed. Porto Alegre: Mediação, 2007b.

IAVELBERG, C. Hora da avaliação. **Gestão Escolar**, dez. 2009. Disponível em: <https://gestaoescolar.org.br/conteudo/715/hora-da-avaliacao>. Acesso em: 14 jan. 2024.

INEP – Instituto Nacional de Estudos e Pesquisas Educacionais Anísio Teixeira. **Censo Escolar 2014**. Brasília, 2014. Disponível em: <http://portal.inep.gov.br/basica-censo>. Acesso em: 4 mar. 2016.

LÁZARO, A. L. de F. A diversidade, a diferença e a experiência da Secad. **Retratos da Escola**, Brasília, v. 7, n. 13, p. 265-276, jul./dez. 2013. Disponível em: <https://retratosdaescola.emnuvens.com.br/rde/article/download/304/474>. Acesso em: 14 jan. 2024.

LIBÂNEO, J. C. **Democratização da escola pública**: a pedagogia crítico-social dos conteúdos. 16. ed. São Paulo: Loyola, 1999.

LIBÂNEO, J. C. **Organização e gestão da escola**: teoria e prática. 5. ed. Goiânia: Alternativa, 2004.

LIMA, E. C. Como construir um currículo participativo. **Escola Pública**, São Paulo, ano 8, n. 45, p. 28-31, jun./jul. 2015.

LIMA, E. de S. **Diversidade e aprendizagem**. São Paulo: Sobradinho 107, 2005.

LOPES, E. **Adequação curricular**: um caminho para a inclusão do aluno com deficiência intelectual. 169 f. Dissertação (Mestrado em Educação) – Universidade Estadual de Londrina, Londrina, 2010. Disponível em: <https://www.ppedu.uel.br/pt/mais/dissertacoes-teses/dissertacoes/category/15-2010?download=297:2010-lopes-esther>. Acesso em: 14 jan. 2024.

LOPES, N. 24 respostas para as principais dúvidas sobre a inclusão. **Gestão Escolar**, São Paulo, ano III, n. 8, p. 1-6, jun./jul. 2010a.

LOPES, N. Projeto político-pedagógico na prática. **Gestão Escolar**, São Paulo, ano II, n. 11, p. 22-28, dez. 2010b.

LUCKESI, C. C. **Avaliação da aprendizagem escolar**: estudos e proposições. 19. ed. São Paulo: Cortez, 2008.

LUCKESI, C. C. Avaliação da aprendizagem. **SM Educação**, 2012. Disponível em: <https://www.youtube.com/watch?v=JqSRs9Hqgtc>. Acesso em: 7 jan. 2024.

LUCKESI, C. C. **Filosofia da educação**. São Paulo: Cortez, 1994.

MANTOAN, M. T. E. A escola flexível e a pedagogia das diferenças. **Pátio Revista Pedagógica**, Porto Alegre, v. 12, n. 48, p. 16-18, nov. 2008/jan. 2009.

MENDONÇA, E. F. Educação em direitos humanos: diversidade, políticas e desafios. **Retratos da Escola**, Brasília, v. 7, n. 13, p. 255-263, jul./dez. 2013. Disponível em: <https://retratosdaescola.emnuvens.com.br/rde/article/view/303>. Acesso em: 14 jan. 2024.

MOREIRA, A. F. B. A crise da teoria curricular crítica. In: COSTA, M. V. (Org.). **O currículo nos limiares do contemporâneo**. Rio de Janeiro: DP&A, 1998. p. 11-36.

MOREIRA, A. F. B. **Currículos e programas no Brasil**. 8. ed. Campinas: Papirus, 2001.

MOREIRA, A. F. B. **Currículo**: políticas e práticas. Campinas: Papirus, 1999.

MOREIRA, A. F. B.; SILVA, T. T da. (Org.). **Currículo, cultura e sociedade**. São Paulo: Cortez, 2011.

NICOLESCU, B. Um novo tipo de conhecimento: transdisciplinaridade. In: NICOLESCU, B. et al. **Educação e transdisciplinaridade**. Brasília: Unesco, 2000. p. 9-25.

NICOLIELO, B.; PERES, P. A cidade que temos. A cidade que queremos. **Nova Escola**, São Paulo, ano XXVIII, n. 267, p. 42-44, nov. 2013. Disponível em: <https://novaescola.org.br/conteudo/3508/a-cidade-que-temos-a-cidade-que-queremos>. Acesso em: 12 jan. 2024.

NOVA ESCOLA. **A avaliação deve orientar a aprendizagem**. São Paulo, jan. 2009. Disponível em: <https://novaescola.org.br/conteudo/356/a-avaliacao-deve-orientar-a-aprendizagem>. Acesso em: 14 jan. 2024.

NUNZIATI, G. Pour construire un dispositif d'évaluation formatrice. **Cahiers Pedagogiques**, Paris, n. 280, p. 47-64, 1990.

OLIVEIRA, A. A. S. Adequações curriculares na área da deficiência intelectual: algumas reflexões. In: OLIVEIRA, A. A. S.; OMOTE, S.; GIROTO, C. R. M. (Org.). **Inclusão escolar**: as contribuições da educação especial. São Paulo: Cultura Acadêmica; Marília: Fundepe, 2008. p. 129-154. Disponível em: <https://ebooks.marilia.unesp.br/index.php/lab_editorial/catalog/book/337>. Acesso em: 14 jan. 2024.

OLIVEIRA, A. A. S.; LEITE, L. P. Escola inclusiva e as necessidades educacionais especiais. In: MANZINI, E. J. (Org.). **Educação especial**: temas atuais. Marília: Unesp-Marília Publicações, 2000. p. 11-20. Disponível em: <https://ebooks.marilia.unesp.br/index.php/lab_editorial/catalog/book/133>. Acesso em: 14 jan. 2024.

PACHECO, J. Vermelho como o céu. **Pátio Revista Pedagógica**, Porto Alegre, ano XII, n. 48, p. 8-11, nov. 2008/jan. 2009. Disponível em: <https://ensino.hi7.co/vermelho-como-o-ceu-56c69a7c23163.html>. Acesso em: 14 jan. 2024.

PARO, V. H. O currículo do ensino fundamental como tema de política pública: a cultura como conteúdo central. **Ensaio: Avaliação e Políticas Públicas em Educação**, Rio de Janeiro, v. 19, n. 72, p. 485-508, jul./set. 2011. Disponível em: <https://www.scielo.br/j/ensaio/a/j3xy8LF6mbP4MjPfH4KZS8q/abstract/?lang=pt>. Acesso em: 14 jan. 2024.

PERRENOUD, P. **Avaliação**: da excelência à regulação das aprendizagens – entre duas lógicas. Tradução de Patrícia Chittoni Ramos. Porto Alegre: Artes Médicas, 1999.

PILETTI, C.; PILETTI, N. **História da educação**. 7. ed. São Paulo: Ática, 1997.

PRIBERAM. Disponível em: <https://dicionario.priberam.org/>. Acesso em: 14 jan. 2024.

ROMÃO, J. E. **Avaliação dialógica**: desafios e perspectivas. São Paulo: Cortez, 1998.

SANTOS, B. de S. Direitos humanos: o desafio da interculturalidade. **Revista Direitos Humanos**, n. 2, p. 10-18, jun. 2009. Disponível em: <https://estudogeral.sib.uc.pt/handle/10316/81695>. Acesso em: 14 jan. 2024.

SAUL, A. M. **Avaliação emancipatória**: desafios à teoria e à prática de avaliação e reformulação de currículo. 3. ed. São Paulo: Cortez, 1995.

SAVIANI, D. A educação na Constituição Federal de 1988: avanços no texto e sua neutralização no contexto dos 25 anos de vigência. **RBPAE**, Goiânia, v. 29, n. 2, p. 207-221, maio/ago. 2013. Disponível em: <https://seer.ufrgs.br/index.php/rbpae/article/view/43520>. Acesso em: 9 jan. 2024.

SAVIANI, D. **A nova lei da educação (LDB)**: trajetória, limites e perspectivas. 9. ed. Campinas: Autores Associados, 2004.

SAVIANI, D. **Escola e democracia**. Campinas: Autores Associados, 1983.

SAVIANI, D. **Pedagogia histórico-crítica**: primeiras aproximações. Campinas: Autores Associados, 1991.

SAVIANI, N. **Saber escolar, currículo e didática**: problemas da unidade conteúdo/método no processo pedagógico. 4. ed. Campinas: Autores Associados, 2003. (Coleção Educação Contemporânea).

SAYÃO, D. T. Cabeças e corpos, adultos e crianças: cadê o movimento e quem separou tudo isso? **Revista Eletrônica de Educação**, São Carlos, v. 2, n. 2, p. 92-105, nov. 2008. Disponível em: <https://www.reveduc.ufscar.br/index.php/reveduc/article/view/20/20>. Acesso em: 12 jan. 2024.

SILVA, M. R. da. A BNCC da reforma do ensino médio: o resgate de um empoeirado discurso, **Educação em Revista**, Belo Horizonte, v. 34, p. 1-15, 2018. Disponível em: <https://www.scielo.br/j/edur/a/V3cqZ8tBtT3Jvts7JdhxxZk/?format=pdf&lang=pt>. Acesso em: 7 jan. 2024.

SILVA, M. R. da; COLONTONIO, E. M. As Diretrizes Curriculares Nacionais para o ensino médio e as proposições sobre trabalho, ciência, tecnologia e cultura: reflexões necessárias. **Revista Brasileira de Educação**, Rio de Janeiro, v. 19, n. 58, p. 611-628, jul./set. 2014. Disponível em: <https://www.scielo.br/j/rbedu/a/VPghbgCB5tBkHcrxVPMZmkw/abstract/?lang=pt>. Acesso em: 12 jan. 2024.

SILVA, T. T. da. **Documentos de identidade**: uma introdução às teorias do currículo. 3. ed. Belo Horizonte: Autêntica, 2010.

SILVA, T. T. da. **O currículo como fetiche**: a poética e a política do texto curricular. Belo Horizonte: Autêntica, 2006.

SOARES, W. Precisamos falar sobre Romeo... **Nova Escola**, São Paulo, ano 30, n. 279, p. 24-31, fev. 2015.

SORDI, M. R. L. de; LUDKE, M. Da avaliação da aprendizagem à avaliação institucional: aprendizagens necessárias. **Avaliação – Revista da Avaliação da Educação Superior**, Campinas, v. 14, n. 2, p. 313-336, jul. 2009. Disponível em: <http://educa.fcc.org.br/scielo.php?script=sci_arttext&pid=S1414-40772009000200005&lng=en&nrm=iso>. Acesso em: 12 jan. 2024.

SOUSA, S. Z. Concepções de qualidade da educação básica forjadas por meio de avaliações em larga escala. **Avaliação – Revista da Avaliação da Educação Superior**, Campinas, v. 19, n. 2, p. 407-420, jul. 2014. Disponível em: <https://www.scielo.br/j/aval/a/vBHXjvFnW6gk6DWpJZzTzNJ/?format=pdf&lang=pt>. Acesso em: 14 jan. 2024.

SOUZA, N. A. de; BORUCHOVITCH, E. Mapas conceituais e avaliação formativa: tecendo aproximações. **Educação e Pesquisa**, São Paulo, v. 36, n. 3, p. 795-810, set./dez. 2010. Disponível em: <https://www.scielo.br/j/ep/a/5Q5stzsGrmDgvnBNcQgZjqx/?format=pdf&lang=pt>. Acesso em: 14 jan. 2024.

STUFFLEBEAM, D. Alternativas e avaliação educacional: um guia de autoensino para educadores. In: SCRIVEN, M.; STUFFLEBEAM, D. **Avaliação educacional II**: perspectivas, procedimentos e alternativas. Tradução de José Camilo Santos Filho e Maria Angela Vinagre de Almeida. Petrópolis: Vozes, 1978. p. 50-150.

STUFFLEBEAM, D. L.; SHINKFIELD, A. J. **Evaluación sistemática**: guía teórica y práctica. Madrid: Paidós, 1987.

TARTAGLIA, L. M.; SILVA, E. M. Entrevista com Monica Ribeiro da Silva: a contrarreforma do ensino médio. **Linhas Críticas**, Brasília, v. 25, p. 1-15, jan./dez. 2019. Disponível em: <https://periodicos.unb.br/index.php/linhascriticas/article/view/19720>. Acesso em: 14 jan. 2024.

TORRES, H. da G. (Coord.). O que pensam os jovens de baixa renda sobre a escola: Projeto de pesquisa desenvolvido pelo CEBRAP com o apoio da Fundação Victor Civita. **Nova Escola**, São Paulo, edição especial 15, p. 1-18, jun. 2013. Disponível em: <https://sinapse.gife.org.br/download/o-que-pensam-os-jovens-de-baixa-renda-sobre-a-escola>. Acesso em: 9 jan. 2024.

UOL. **Facebook**: veja supostas "pérolas" de respostas dadas por estudantes em provas. Disponível em: <https://educacao.uol.com.br/album/111202_perolas_provas_album.htm>. Acesso em: 7 jan. 2024.

VASCONCELLOS, C. dos S. **Currículo**: a atividade humana como princípio educativo. 3. ed. São Paulo: Libertad, 2011.

VASCONCELLOS, C. dos S. **Planejamento**: projeto de ensino-aprendizagem e projeto político-pedagógico. 5. ed. São Paulo: Libertad, 1999.

VEIGA, I. P. A. (Org.). **Projeto político-pedagógico da escola**: uma construção possível. Campinas: Papirus, 1995.

VEIGA, I. P. A.; RESENDE, L. M. G. (Org.). **Escola**: espaço do projeto político-pedagógico. 4. ed. Campinas: Papirus, 1998.

VIEIRA, S. L. **Educação básica**: política e gestão da escola. Brasília: Liber Livro, 2009.

VIGOTSKI, L. S. **A formação social da mente**. Tradução de José Cipolla Neto, Luis Silveira Menna Barreto e Solange Castro Afeche. 7. ed. São Paulo: M. Fontes, 2007.

VILLAS BOAS, B. M. de F. Compreendendo a avaliação formativa. In: VILLAS BOAS, B. M. de F. (Org.). **Avaliação formativa**: práticas inovadoras. Campinas: Papirus, 2011. p. 13-42.

VILLAS BOAS, B. M. de F. **Portfólio, avaliação e trabalho pedagógico**. 8. ed. Campinas: Papirus, 2012.

VILLAS BOAS, B. M. de F. **Virando a escola do avesso por meio da avaliação**. 2. ed. Campinas: Papirus, 2013.

WACHOWICZ, L. A. A avaliação da aprendizagem. **Escola Aberta**, Curitiba, v. 5, n. 11, p. 6, jul. 1988.

WAISELFISZ, J. J. **Mapa da violência 2012**: os novos padrões da violência homicida no Brasil. São Paulo: Instituto Sangari, 2012.

WAISELFISZ, J. J. **Mapa da violência 2013**: mortes *matadas* por armas de fogo. [S.l.]: Cebela; FlacsoBrasil, 2013. Disponível em: <https://www.mpsp.mp.br/portal/page/portal/Nucleo_de_Genero/Estudos_e_Pesquisas/2013%20-%20BRASIL%20-%20MAPA%20DA%20VIOLENCIA%202013-%20MORTES%20MATADAS%20POR%20ARMAS%20DE%20FOGO.pdf>. Acesso em: 7 jan. 2024.

ZABALA, A. **A prática educativa**: como ensinar. Tradução de Ernani F. da F. Rosa. Porto Alegre: Artmed, 1998.

Bibliografia comentada

BRASIL. Ministério da Educação. Secretaria de Educação Básica. Secretaria de Educação Continuada, Alfabetização, Diversidade e Inclusão. Secretaria de Educação Profissional e Tecnológica. Conselho Nacional de Educação. Câmara Nacional de Educação Básica. **Diretrizes Curriculares Nacionais da Educação Básica**. Brasília, 2013. Disponível em: <http://portal.mec.gov.br/index.php?option=com_docman&view=download&alias=15548-d-c-n-edu cacao-basica-nova-pdf&Itemid=30192>. Acesso em: 7 jan. 2024.

Esse material foi publicado pelo Ministério da Educação (MEC) e é composto pelas Diretrizes Curriculares Nacionais (DCN) para todas as etapas e modalidades de ensino, emanadas pelo Conselho Nacional de Educação (CNE). O material objetiva auxiliar na implantação dessas diretrizes, razão pela qual foi distribuído gratuitamente a todas as escolas públicas do Brasil pelo MEC. Com a leitura desse material, é possível conhecer as determinações e as orientações para a organização e o desenvolvimento dos currículos para todas as etapas e modalidades de ensino.

SAVIANI, D. **Escola e democracia**. Campinas: Autores Associados, 1983.

Nesse livro, Dermeval Saviani identifica e analisa as teorias educacionais que caracterizam a organização das escolas brasileiras. O autor apresenta as principais diferenças existentes entre as teorias pedagógicas não críticas: pedagogia tradicional, pedagogia nova e pedagogia tecnicista. Na sequência, faz algumas considerações sobre as teorias crítico-reprodutivistas: teoria do sistema de ensino enquanto violência simbólica; teoria da escola enquanto aparelho ideológico de Estado (AIE); teoria da escola dualista. Posteriormente, o autor apresenta os pressupostos da pedagogia histórico-crítica e defende que esta pode contribuir para que a escola se efetive como espaço de socialização do conhecimento científico e formação de sujeitos críticos e autônomos, que tenham condições de promover a transformação social. A leitura desse livro é fundamental para a compreensão da função social da escola brasileira, bem como de sua organização pedagógica.

SILVA, T. T. da. **Documentos de identidade**: uma introdução às teorias do currículo. 3. ed. Belo Horizonte: Autêntica, 2010.

Nesse livro, Tomaz Tadeu da Silva apresenta um panorama das teorias do currículo desde sua gênese até as teorias pós-críticas. Com base em vários estudos de autores do campo do currículo, a obra identifica e analisa diversas concepções de currículo representadas pelas teorias tradicionais, críticas e pós-críticas. O autor explica não ter a pretensão de elucidar o verdadeiro conceito de currículo, mas compreender como este tem sido definido em diferentes momentos históricos e teorias, posicionando-se favoravelmente às teorias críticas do currículo. Por meio da leitura desse livro, é possível identificar a história, as características e os objetivos dos currículos no contexto das teorias tradicionais, críticas e pós-críticas.

VASCONCELLOS, C. dos S. **Planejamento**: projeto de ensino-aprendizagem e projeto político-pedagógico. 5. ed. São Paulo: Libertad, 1999.

Nesse livro, Celso dos Santos Vasconcellos trata da importância e da necessidade do ato de planejar. Aborda de maneira detalhada duas dimensões do planejamento educacional: o projeto político-pedagógico (PPP) e o projeto de ensino-aprendizagem. Ele conceitua essas dimensões do planejamento, explica a importância dos projetos e aborda a maneira como devem ser elaborados, além de apresentar os elementos que constituem o planejamento.

Respostas

Capítulo 1

Atividades de autoavaliação

1. a
2. b
3. a
4. c
5. c

Atividades de aprendizagem

Questões para reflexão

1. O objetivo desta atividade é levar o estudante a identificar a forma como o currículo se configurou no decorrer da história, a concepção de currículo defendida atualmente e sua função e importância.

2. A finalidade desta atividade é fazer com que o estudante relacione as práticas pedagógicas retratadas no filme aos fundamentos teórico-metodológicos das tendências ou concepções pedagógicas.

Atividade aplicada: prática

1. Esta atividade objetiva levar o estudante a identificar a concepção dos professores em relação ao currículo.

Capítulo 2

Atividades de autoavaliação

1. a
2. c
3. a
4. b
5. d

Atividades de aprendizagem

Questões para reflexão

1. O objetivo desta atividade é levar o estudante a compreender as determinações e orientações das Diretrizes Curriculares Nacionais (DCN) do Conselho Nacional de Educação (CNE).

2. Esta atividade tem o propósito de levar o estudante a conhecer os documentos oficiais do Ministério da Educação (MEC), bem como as orientações curriculares emanadas de alguns deles.

Atividades aplicadas: prática

1. A finalidade desta atividade é fazer com que o estudante relacione as práticas pedagógicas às determinações e orientações da Lei de Diretrizes e Bases da Educação Nacional (LDBEN) – Lei n. 9.394/1996 – e de documentos normativos.

2. O objetivo desta atividade é levar o estudante a conhecer a Base Nacional Comum Curricular (BNCC) e a opinar sobre esse material.

Capítulo 3

Atividades de autoavaliação

1. b
2. d
3. a
4. a
5. d

Atividades de aprendizagem

Questões para reflexão

1. Esta atividade pretende levar o estudante a refletir sobre a importância e a necessidade do currículo na efetivação do trabalho escolar.

2. O objetivo desta atividade é levar o estudante a identificar as ações que precisam ser desenvolvidas para a efetivação do projeto político-pedagógico (PPP).

Atividades aplicadas: prática

1. A finalidade desta atividade é fazer com que o estudante analise se o currículo pesquisado é constituído pelos elementos teórico-metodológicos necessários.

2. Esta atividade objetiva levar o estudante a identificar a importância que os professores atribuem ao planejamento e como o organizam.

Capítulo 4

Atividades de autoavaliação

1. b
2. d
3. d
4. a
5. b

Atividades de aprendizagem

Questões para reflexão

1. O objetivo desta atividade é possibilitar que o estudante compreenda as concepções de avaliação estudadas por meio da análise de uma charge.

2. A questão tem como finalidade possibilitar que o aluno faça uma análise comparativa entre avaliação formativa e avaliação tradicional, confrontando-as com o papel que as instituições educativas assumem na formação dos estudantes.

Atividades aplicadas: prática

1. Esta questão tem o propósito de ajudar o acadêmico a perceber como a escola e os docentes têm se apropriado da discussão acerca da avaliação educacional.

2. A finalidade desta atividade é possibilitar que o estudante compreenda, com base na relação entre teoria e prática, de que forma a avaliação ocorre nos contextos educacionais.

Capítulo 5

Atividades de autoavaliação

1. b
2. d
3. a
4. c
5. b

Atividades de aprendizagem

Questão para reflexão

1. O objetivo desta atividade é levar o estudante a analisar se a prática pedagógica está coerente com os pressupostos da inclusão.

Atividades aplicadas: prática

1. Esta atividade objetiva levar o estudante a identificar a concepção do professor em relação à flexibilização curricular, se ele a realiza em sua prática e como a realiza.

2. O objetivo desta atividade é levar o estudante a refletir sobre a importância de discutir práticas de preconceito ou discriminação em sala de aula, bem como analisar como essa reflexão deve ser encaminhada pelo professor.

Sobre as autoras

Déborah Helenise Lemes de Paula é formada em Pedagogia pela Universidade Federal do Paraná (UFPR) e em Licenciatura em Educação Física pela Pontifícia Universidade Católica do Paraná (PUCPR). É especialista em Educação Física Escolar e mestre em Educação pela UFPR. Tem experiência com educação a distância, atuando como tutora de 2013 a 2015 no projeto de formação continuada e de incentivo à pesquisa Edupesquisa, uma parceria da Prefeitura Municipal de Curitiba com a UFPR e o Ministério da Educação (MEC). Atualmente, ministra aulas de Educação Física na Escola Municipal Nossa Senhora da Luz dos Pinhais. Foi professora supervisora de acadêmicos do curso de licenciatura em Educação Física vinculado ao Programa Institucional de Bolsa de Iniciação à Docência da Coordenação de Aperfeiçoamento de Pessoal de Nível Superior (Pibid/Capes) da UFPR e professora parceira de instituições de ensino superior na disciplina de Estágio Obrigatório de cursos de Licenciatura em Educação Física. Atualmente, faz doutorado pelo Programa de Pós-Graduação em Educação da UFPR, na Linha de Pesquisa Linguagem, Corpo e Estética na Educação (LiCorEs), e compõe o coletivo de pesquisadores do Grupo de Pesquisa Educamovimento/Nepie-UFPR.

Rubian Mara de Paula é formada em Pedagogia pela Universidade Federal do Paraná (UFPR), especialista em Educação Infantil e Alfabetização pela Universidade Tuiuti do Paraná (UTP) e em Organização do Trabalho Pedagógico pela UFPR. É mestre e doutoranda em Educação pela UFPR. Tem experiência em docência na educação infantil, nos anos iniciais do ensino fundamental, na educação de jovens e adultos e no ensino superior. Já atuou na coordenação pedagógica de escolas e da Secretaria Municipal de Educação. Nessas instâncias, orientou e desenvolveu processos de elaboração de projeto político-pedagógico (PPP), currículos e plano municipal de educação, assim como na organização e efetivação da formação continuada para os profissionais da educação. Também atuou como orientadora de estudos do Pacto Nacional pela Alfabetização na Idade Certa (Pnaic), do Ministério da Educação (MEC). Atualmente, é diretora pedagógica da Secretaria Municipal de Educação de Piraquara – PR.

Impressão:
Junho/2024